Dr. Oetker
Löffelkekse

Dr. Oetker
Löffelkekse

Dr. Oetker Verlag

Vorwort

Jetzt gibt´s was auf die Löffel.
Denn Kekse kann man nicht nur ausrollen und ausstechen.

Aus einem einfachen Teig, zusammengerührt mit Nüssen, Schokolade, Früchten, Marmelade und Mohn und mit zwei Löffeln auf ein Backblech gesetzt, entstehen im Handumdrehen leckere Kekse, Plätzchen und Cookies.
Jetzt nur noch ein bisschen warten und ein wunderbarer Duft erfüllt die Küche.

In diesem Buch warten über 80 Rezepte darauf, von Ihnen ausprobiert zu werden.

Alle Rezepte wurden überarbeitet und so beschrieben, dass sie Ihnen garantiert gelingen.

Kapitelübersicht

Kekse mit Frucht

Seite 8–45

Kekse mit Nüssen und Mandeln

Seite 46–79

Kapitelübersicht

Kekse mit Kakao und Schokolade

Seite 80–107

Spezialitäten

Seite 108–139

Kekse mit Frucht

Raffiniert
Rote Bäckchen
etwa 40 Stück

Zum Vorbereiten:
100 g Orangeat
etwa 70 g rotes Johannisbeergelee
(aus dem Glas)

Für den Biskuitteig:
1 Ei, 1 Eigelb (Größe M)
1 EL Zitronensaft, 70 g Zucker
1 Pck. Dr. Oetker Vanillin-Zucker
1 Pck. Dr. Oetker Rote Grütze
Himbeer-Geschmack
1 Msp. Dr. Oetker Backin
150 g abgezogene,
gemahlene Mandeln

etwa 40 runde Backoblaten
(Ø 50 mm)

Zubereitungszeit: 50 Minuten,
ohne Ruhezeit
Backzeit: 10–15 Minuten
je Backblech

Insgesamt:
E: 39 g, F: 94 g, Kh: 248 g,
kJ: 8389, kcal: 1999

1 Zum Vorbereiten Orangeat sehr fein hacken. Gelee mit einem Schneebesen kräftig durchrühren.

2 Für den Teig Ei, Eigelb und Zitronensaft in einer Rührschüssel mit Handrührgerät mit Rührbesen auf höchster Stufe in 1 Minute schaumig schlagen. Zucker und Vanillin-Zucker mischen, in 1 Minute einstreuen, dann noch etwa 2 Minuten schlagen. Rote-Grütze-Pulver und Backpulver mischen, auf die Eiercreme sieben und kurz auf niedrigster Stufe unterrühren. Mandeln und Orangeat unterheben. Den Teig etwa 10 Minuten ruhen lassen.

3 Jeweils einen Teelöffel des Teiges in die Mitte einer Oblate setzen und je einen Klecks Gelee darauf geben. Die Oblaten auf Backbleche geben. Die Backbleche nacheinander (bei Heißluft zusammen) in den Backofen schieben.

Ober-/Unterhitze: etwa 160 °C (vorgeheizt)
Heißluft: etwa 140 °C (vorgeheizt)
Backzeit: 10–15 Minuten je Backblech.

4 Das Gebäck von den Backblechen nehmen und auf Kuchenrosten erkalten lassen.

Dauert etwas länger

Stollenhäppchen
etwa 45 Stück

Für den Hefeteig:
250 g Weizenmehl
1 Pck. Dr. Oetker Trockenhefe
2 EL (30 g) flüssiger Honig
40 g Zucker
1 Pck. Dr. Oetker Vanillin-Zucker
1 Msp. gemahlene Muskatblüte
1 Msp. gemahlener Zimt
1 TL Dr. Oetker Finesse Geriebene Zitronenschale
100 g weiches Butterschmalz oder Margarine
100 ml lauwarme Milch
50 g fein gehacktes Zitronat (Sukkade)
100 g Rosinen
30 g Korinthen
70 g abgezogene, gemahlene Mandeln

Zum Bestäuben:
Puderzucker

Zubereitungszeit: 1 Stunde, ohne Teiggehzeit
Backzeit: 15–20 Minuten je Backblech

Insgesamt:
E: 51 g, F: 135 g, Kh: 398 g,
kJ: 12623, kcal: 3013

1 Für den Teig Mehl in eine Rührschüssel sieben, mit Trockenhefe sorgfältig vermischen. Honig, Zucker, Vanillin-Zucker, Muskat, Zimt, Zitronenschale, Butterschmalz oder Margarine und Milch hinzufügen.

2 Die Zutaten mit Handrührgerät mit Knethaken zunächst kurz auf niedrigster, dann auf höchster Stufe in etwa 5 Minuten zu einem Teig verarbeiten. Den Teig zugedeckt so lange an einem warmen Ort stehen lassen, bis er sich sichtbar vergrößert hat.

3 Den Teig leicht mit Mehl bestäuben, aus der Schüssel nehmen und auf einer bemehlten Arbeitsfläche nochmals kurz durchkneten. Zitronat, Rosinen, Korinthen und Mandeln unterarbeiten.

4 Den Teig mit zwei Teelöffeln in Häufchen auf Backbleche (mit Backpapier belegt) setzen, dabei genügend Abstand zwischen den Teighäufchen lassen. Die Teighäufchen zugedeckt nochmals so lange an einem warmen Ort stehen lassen, bis sie sich sichtbar vergrößert haben.

5 Die Backbleche nacheinander (bei Heißluft zusammen) in den Backofen schieben.

Ober-/Unterhitze: etwa 180 °C (vorgeheizt)
Heißluft: etwa 160 °C (vorgeheizt)
Backzeit: 15–20 Minuten je Backblech.

6 Das Gebäck mit dem Backpapier von den Backblechen auf Kuchenroste ziehen. Gebäck sofort mit Puderzucker bestäuben und erkalten lassen.

Kekse mit Frucht

Raffiniert

Pflaumen-Ingwer-Stückchen
etwa 50 Stück (Foto)

Für den All-in-Teig:
50 g kandierte Ingwerstücke, z. B. von Seeberger
100 g getrocknete Pflaumen
200 g Weizenmehl
20 g Speisestärke, 120 g Zucker
1 Pck. Dr. Oetker Vanillin-Zucker
1 Prise Salz, 1 Ei (Größe M)
3 EL Buttermilch
120 g weiches Butterschmalz oder Margarine

Zubereitungszeit: 40 Minuten
Backzeit: 10–15 Minuten je Backblech

Insgesamt:
E: 32 g, F: 128 g, Kh: 377 g,
kJ: 11677, kcal: 2785

1 Für den Teig Ingwer und Pflaumen fein hacken. Mehl mit Speisestärke mischen, in eine Rührschüssel sieben. Zucker, Vanillin-Zucker, Salz, Ei, Buttermilch und Butterschmalz oder Margarine hinzufügen. Die Zutaten mit Handrührgerät mit Rührbesen zunächst kurz auf niedrigster, dann auf höchster Stufe zu einem Teig verarbeiten. Ingwer- und Pflaumenstückchen unterrühren.

2 Den Teig mit zwei Teelöffeln in Häufchen auf Backbleche (mit Backpapier belegt) setzen, dabei genügend Abstand zwischen den Teighäufchen lassen. Die Backbleche nacheinander (bei Heißluft zusammen) in den Backofen schieben.

Ober-/Unterhitze: etwa 180 °C (vorgeheizt)
Heißluft: etwa 160 °C (vorgeheizt)
Backzeit: 10–15 Minuten je Backblech.

3 Das Gebäck mit dem Backpapier von den Backblechen auf Kuchenroste ziehen und erkalten lassen.

Für Gäste

Aprikosenkekse
etwa 45 Stück (Titelfoto)

Für den Rührteig:
100 g Butter oder Margarine
120 g Zucker
1 Pck. Dr. Oetker Vanillin-Zucker
1 Ei (Größe M), 175 g Weizenmehl
50 g abgezogene, gemahlene Mandeln

1 Für den Teig aus den angegebenen Zutaten wie auf Seite 18 beschrieben einen Rührteig zubereiten.

2 Den Teig mit 2 Teelöffeln in Häufchen auf Backbleche (mit Backpapier belegt) setzen, dabei genügend Abstand zwischen den Teighäufchen lassen. In die Mitte jedes
(Fortsetzung Seite 14)

Kekse mit Frucht

100 g Aprikosenkonfitüre
etwa 25 g gehackte Pistazienkerne

Zubereitungszeit: 50 Minuten
Backzeit: etwa 12 Minuten
je Backblech

Insgesamt:
E: 40 g, F: 131 g, Kh: 323 g,
kJ: 11010, kcal: 2629

Teighäufchens einen Klecks Konfitüre geben und den Teig mit Pistazienkernen bestreuen. Die Backbleche nacheinander (bei Heißluft zusammen) in den Backofen schieben.

Ober-/Unterhitze: etwa 200 °C (vorgeheizt)
Heißluft: etwa 180 °C (vorgeheizt)
Backzeit: etwa 12 Minuten je Backblech.

3 Die Kekse mit dem Backpapier von den Backblechen auf Kuchenroste ziehen. Kekse erkalten lassen.

Raffiniert

Limetten-Hafer-Wölkchen
etwa 50 Stück

Für den All-in-Teig:
70 g Weizenmehl
1 gestr. TL Dr. Oetker Backin
100 g brauner Zucker (Kandisfarin)
1 Prise Salz
abgeriebene Schale von
1 Bio-Limette
(unbehandelt, ungewachst)
2 EL Limettensaft
120 g blütenzarte Haferflocken
1 Ei (Größe M)
120 g weiche Butter oder Margarine
100 g sehr fein gehacktes Zitronat
(Sukkade)

Zubereitungszeit: etwa 40 Minuten
Backzeit: 15–20 Minuten
je Backblech

Insgesamt:
E: 33 g, F: 116 g, Kh: 293 g,
kJ: 9892, kcal: 2358

1 Mehl mit Backpulver mischen, in eine Rührschüssel sieben. Zucker, Salz, Limettenschale, -saft, Haferflocken, Ei, Butter oder Margarine und Zitronat hinzufügen. Die Zutaten mit Handrührgerät mit Rührbesen zunächst kurz auf niedrigster, dann auf höchster Stufe zu einem Teig verarbeiten.

2 Den Teig mit zwei Teelöffeln in Häufchen auf Backbleche (mit Backpapier belegt) setzen, dabei genügend Abstand zwischen den Teighäufchen lassen. Die Backbleche nacheinander (bei Heißluft zusammen) in den Backofen schieben.

Ober-/Unterhitze: etwa 200 °C (vorgeheizt)
Heißluft: etwa 180 °C (vorgeheizt)
Backzeit: 15–20 Minuten je Backblech.

3 Das Gebäck mit dem Backpapier von den Backblechen auf Kuchenroste ziehen und erkalten lassen.

Tipp: *Einen Guss aus 70 g gesiebtem Puderzucker und 1 Esslöffel Limettensaft zubereiten. Den Guss in einen kleinen Gefrierbeutel geben und eine kleine Ecke abschneiden. Die Plätzchen mit dem Guss verzieren. Guss fest werden lassen.*

Kekse mit Frucht

Raffiniert

Mandelmakronen mit Preiselbeeren
etwa 45 Stück

Zum Vorbereiten:
100 g abgezogene, gemahlene Mandeln

Für den Eiweißmasse:
3 Eiweiß (Größe M)
1 TL Zitronensaft
170 g Zucker
150 g abgezogene, gemahlene Mandeln
2 gestr. TL Dr. Oetker Finesse Geriebene Zitronenschale
etwa 120 g Wildpreiselbeeren-Auslese (aus dem Glas)

Zubereitungszeit: 50 Minuten, ohne Abkühlzeit
Backzeit: etwa 20 Minuten je Backblech

Insgesamt:
E: 59 g, F: 136 g, Kh: 236 g,
kJ: 10007, kcal: 2390

1. Zum Vorbereiten Mandeln in einer Pfanne ohne Fett hellbraun rösten, auf einem Teller erkalten lassen.

2. Für die Eiweißmasse Eiweiß und Zitronensaft mit Handrührgerät mit Rührbesen auf höchster Stufe steif schlagen, der Schnee muss so fest sein, dass ein Messerschnitt sichtbar bleibt. Nach und nach Zucker unterschlagen.

3. Mandeln mit den gerösteten Mandeln und der Zitronenschale mischen, in 2 Portionen kurz auf mittlerer Stufe unterrühren.

4. Die Masse mit zwei Teelöffeln in Häufchen auf Backbleche (mit Backpapier belegt) setzen, dabei genügend Abstand zwischen den Teighäufchen lassen. Mit einem feuchten Kochlöffelstiel in jedes Teighäufchen kreisförmig eine kleine Vertiefung drücken und mit Preiselbeeren füllen. Die Backbleche nacheinander (bei Heißluft zusammen) in den Backofen schieben.

Ober-/Unterhitze: etwa 180 °C (vorgeheizt)
Heißluft: etwa 160 °C (vorgeheizt)
Backzeit: etwa 20 Minuten je Backblech.

5. Makronen mit dem Backpapier von den Backblechen auf Kuchenroste ziehen und erkalten lassen.

Tipp: *Um die kleinen Vertiefungen in die Makronen zu drücken, ist es am einfachsten, den Kochlöffelstiel zwischendurch immer wieder in eine Tasse mit kaltem Wasser zu tauchen.*
Die Makronen können auch mit Orangenmarmelade oder mit einer anderen herben Konfitüre gefüllt werden.

Kekse mit Frucht

Raffiniert

Aprikosen-Mandel-Kekse
etwa 40 Stück

Zum Vorbereiten:
100 g Soft-Aprikosen

Für den Rührteig:
100 g weiches Butterschmalz
120 g Zucker
1 Pck. Dr. Oetker Vanillin-Zucker
1 Ei (Größe M)
120 g Weizenmehl
50 g Speisestärke
1 gestr. TL Dr. Oetker Backin

Für den Belag:
etwa 50 g abgezogene, gehobelte Mandeln
100 g Aprikosenkonfitüre
2 EL Wasser

Zubereitungszeit: 40 Minuten, ohne Abkühlzeit
Backzeit: 10–15 Minuten je Backblech

Insgesamt:
E: 35 g, F: 135 g, Kh: 375 g,
kJ: 11952, kcal: 2854

1 Zum Vorbereiten Aprikosen in sehr kleine Würfel schneiden.

2 Für den Teig Butterschmalz mit Handrührgerät mit Rührbesen auf höchster Stufe geschmeidig rühren. Nach und nach Zucker und Vanillin-Zucker unterrühren. So lange rühren, bis eine gebundene Masse entstanden ist. Ei in etwa ½ Minute unterrühren.

3 Mehl mit Speisestärke und Backpulver mischen, sieben und in 2 Portionen kurz auf mittlerer Stufe unterrühren. Aprikosenwürfel unterheben.

4 Den Teig mit zwei Teelöffeln in Häufchen auf Backbleche (mit Backpapier belegt) setzen, dabei genügend Abstand zwischen den Teighäufchen lassen. Die Backbleche nacheinander (bei Heißluft zusammen) in den Backofen schieben.

Ober-/Unterhitze: etwa 200 °C (vorgeheizt)
Heißluft: etwa 180 °C (vorgeheizt)
Backzeit: 10–15 Minuten je Backblech.

5 Die Kekse mit dem Backpapier von den Backblechen auf Kuchenroste ziehen und erkalten lassen.

6 Für den Belag Mandeln auf ein Backblech geben und in dem heißen ausgeschalteten Backofen goldbraun rösten. Mandeln abkühlen lassen.

7 Konfitüre mit 2 Esslöffeln Wasser verrühren, durch ein Sieb in einen Topf streichen oder mit einem Schneidstab pürieren und unter Rühren gut aufkochen lassen. Die Konfitüre mit Hilfe eines Pinsels auf die Kekse streichen und mit Mandeln bestreuen. Trocknen lassen.

Kekse mit Frucht

Raffiniert

Mohnkekse
etwa 55 Stück

Für den All-in-Teig:
170 g Weizenmehl
1 gestr. TL Dr. Oetker Backin
1 Pck. Dr. Oetker Pudding-Pulver Vanille-Geschmack
120 g brauner Zucker (Kandisfarin)
1 Prise Salz
30 g ganzer Mohnsamen
2 Eier (Größe M)
1–2 EL Milch
75 ml Speiseöl
75 ml Nussöl

etwa 100 g Sauerkirschkonfitüre

Zubereitungszeit: 40 Minuten
Backzeit: 10–12 Minuten
je Backblech

Insgesamt:
E: 36 g, F: 153 g, Kh: 339 g,
kJ: 11973, kcal: 2857

1 Für den Teig Mehl mit Backpulver und Pudding-Pulver mischen, in eine Rührschüssel sieben. Zucker, Salz, Mohnsamen, Eier, Milch, Speise- und Nussöl hinzufügen. Die Zutaten mit Handrührgerät mit Rührbesen zunächst kurz auf niedrigster, dann auf mittlerer Stufe zu einem Teig verarbeiten.

2 Von dem Teig mit zwei Teelöffeln walnussgroße Häufchen abstechen und auf Backbleche (mit Backpapier belegt) setzen, dabei genügend Abstand zwischen den Teighäufchen lassen.

3 In die Mitte jedes Teighäufchens mit einem Kochlöffelstiel eine kleine Vertiefung drücken (Stiel zwischendurch immer wieder in Mehl wenden) und mit Konfitüre füllen. Die Backbleche nacheinander (bei Heißluft zusammen) in den Backofen schieben.

Ober-/Unterhitze: etwa 180 °C (vorgeheizt)
Heißluft: etwa 160 °C (vorgeheizt)
Backzeit: 10–12 Minuten je Backblech.

4 Die Kekse mit dem Backpapier von den Backblechen auf Kuchenroste ziehen und erkalten lassen.

Tipp: *Wenn kein Nussöl vorhanden ist, können Sie die gesamte Ölmenge durch geschmackneutrales Speiseöl ersetzen.*

Für Kinder

Weiße Bananenplätzchen
etwa 28 Stück

Für den All-in-Teig:
150 g Speisestärke
100 g Reismehl (Reformhaus)
1 gestr. TL Dr. Oetker Backin
80 g Zucker
1 Pck. Dr. Oetker Vanillin-Zucker
1 Ei (Größe M)
170 g weiche Butter
1 TL Zitronensaft

Für die Füllung:
200 g Schokobananen mit Bananenmark
30 g weiches Kokosfett

Zubereitungszeit: 60 Minuten, ohne Abkühlzeit
Backzeit: 10–15 Minuten je Backblech

Insgesamt:
E: 24 g, F: 197 g, Kh: 439 g,
kJ: 15208, kcal: 3631

Haltbarkeit: *etwa 2 Wochen in gut schließenden Dosen*

1 Für den Teig Speisestärke, Reismehl und Backpulver mischen, in eine Rührschüssel sieben. Zucker, Vanillin-Zucker, Ei, Butter und Zitronensaft hinzufügen. Die Zutaten mit Handrührgerät mit Rührbesen zunächst kurz auf niedrigster, dann auf höchster Stufe in etwa 2 Minuten zu einem Teig verarbeiten.

2 Den Teig mit zwei Teelöffeln in Häufchen auf Backbleche (mit Backpapier belegt) setzen. Die Backbleche nacheinander (bei Heißluft zusammen) in den Backofen schieben.

Ober-/Unterhitze: etwa 180 °C (vorgeheizt)
Heißluft: etwa 160 °C (vorgeheizt)
Backzeit: 10–15 Minuten je Backblech.

3 Die Backbleche auf Kuchenroste setzen, die Plätzchen auf den Backblechen erkalten lassen.

4 Für die Füllung die Schokobananen in dünne Streifen schneiden und in einen hohen Rührbecher füllen, Kokosfett hinzufügen. Die Zutaten mit einem Schneidstab zu einer streichfähigen Masse pürieren. Jeweils 2 Plätzchen mit der Bananenmasse zusammensetzen.

Tipp: *Anstelle von Reismehl können Sie den Teig auch mit 120 g Weizenmehl und 120 g Speisestärke zubereiten. Die restlichen Zutatenmengen bleiben gleich.*

Kekse mit Frucht

Raffiniert

Ananas-Maracuja-Kekse
etwa 40 Stück

Für den Rührteig:
120 g Butter oder Margarine
100 g Zucker, 1 Prise Salz
2 Eigelb (Größe M)
120 g Weizenmehl
80 g Speisestärke
1 gestr. TL Dr. Oetker Backin
½ Pck. (26 g) Kaltschale Ananas-Maracuja-Geschmack
2 EL Zitronensaft

50 g aufgelöste Zartbitterschokolade
etwa 8 getrocknete, gesüßte Ananasstücke

Zubereitungszeit: 50 Minuten, ohne Abkühlzeit
Backzeit: 15–20 Minuten je Backblech

Insgesamt:
E: 24 g, F: 130 g, Kh: 324 g,
kJ: 10767, kcal: 2568

Haltbarkeit: *etwa 2 Wochen in gut schließenden Dosen*

1. Für den Teig Butter oder Margarine mit Handrührgerät mit Rührbesen auf höchster Stufe geschmeidig rühren. Nach und nach Zucker und Salz unterrühren. So lange rühren, bis eine gebundene Masse entstanden ist.

2. Eigelb nach und nach unterrühren (jedes Eigelb knapp ½ Minute). Mehl mit Speisestärke und Backpulver mischen und sieben. Kaltschale untermischen. Das Mehlgemisch in 2 Portionen kurz auf mittlerer Stufe unter die Butter-Eigelb-Masse rühren. Zitronensaft unterrühren.

3. Den Teig mit zwei Teelöffeln in Häufchen auf Backbleche (mit Backpapier belegt) setzen. Die Backbleche nacheinander (bei Heißluft zusammen) in den Backofen schieben.

Ober-/Unterhitze: etwa 180 °C (vorgeheizt)
Heißluft: etwa 160 °C (vorgeheizt)
Backzeit: 15–20 Minuten je Backblech.

4. Die Kekse mit dem Backpapier von den Backblechen auf Kuchenroste ziehen, Kekse erkalten lassen.

5. Schokolade in einen kleinen Gefrierbeutel geben und eine kleine Ecke abschneiden. Jeweils einen Schokoladenklecks auf die Kekse spritzen, Schokolade etwas fest werden lassen.

6. Ananasstücke in schmale Streifen schneiden und in die etwas fest gewordene Schokolade drücken. Schokolade fest werden lassen.

Kekse mit Frucht

Raffiniert

Kirschkekse mit Rosenblütenwasser
etwa 50 Stück

Zum Vorbereiten:
75 g getrocknete Kirschen
1 gestr. TL Dr. Oetker Finesse Geriebene Zitronenschale
1 EL zarte Haferflocken
3–4 EL Rosenblütenwasser

Für den Rührteig:
150 g weiche Butter oder Margarine
100 g gesiebter Puderzucker
1 Prise Salz
1 Pck. Dr. Oetker Vanillin-Zucker
1 Eigelb (Größe M)
200 g Weizenmehl
½ TL Dr. Oetker Backin, 1 EL Milch

Zum Garnieren:
75 g Puderzucker
1–2 EL Rosenblütenwasser
bunte Zuckerperlen

Zubereitungszeit: 30 Minuten, ohne Abkühlzeit
Backzeit: etwa 25 Minuten je Backblech

Pro Stück: E: 1 g, F: 2 g, Kh: 8 g, kJ: 249, kcal: 59

Haltbarkeit: *etwa 3 Wochen in gut schließenden Dosen*

1 Zum Vorbereiten Kirschen fein hacken, mit Zitronenschale und Haferflocken in eine kleine Schüssel geben und mit Rosenblütenwasser mischen.

2 Den Backofen vorheizen.

Ober-/Unterhitze: etwa 160 °C (vorgeheizt)
Heißluft: etwa 140 °C (vorgeheizt)
Backzeit: etwa 25 Minuten je Backblech.

3 Für den Teig Butter oder Margarine mit einem Mixer (Rührstäbe) auf höchster Stufe geschmeidig rühren. Puderzucker, Salz und Vanillin-Zucker nach und nach unterrühren. Eigelb ebenfalls kurz unterrühren.

4 Mehl mit Backpulver mischen und in 2 Portionen auf mittlerer Stufe kurz unterrühren. Zuletzt Kirsch-Haferflocken-Masse und Milch kurz unterrühren.

5 Den Teig mit 2 Teelöffeln in walnussgroßen Häufchen mit etwas Abstand auf Backbleche (gefettet, mit Backpapier belegt) setzen. Die Backbleche nacheinander (bei Heißluft zusammen) in den vorgeheizten Backofen schieben. Die Kekse **etwa 25 Minuten je Backblech backen.**

6 Die Backbleche auf Kuchenroste stellen. Die Kekse darauf erkalten lassen. Anschließend die Kekse vom Backpapier nehmen.

7 Zum Garnieren Puderzucker mit so viel Rosenblütenwasser verrühren, dass ein dickflüssiger Guss entsteht. Auf jeden Keks einen dicken Klecks von dem Guss geben und sofort mit Zuckerperlen bestreuen. Guss fest werden lassen.

Kekse mit Frucht

Raffiniert

Schoko-Mints
etwa 65 Stück

Für den All-in-Teig:
250 g Weizenmehl
½ gestr. TL Dr. Oetker Backin
20 g Kakaopulver
120 g Zucker
1 Pck. Dr. Oetker Vanillin-Zucker
2 TL getrocknete, geriebene Pfefferminzblättchen
1 Ei (Größe M)
70 g bittere Orangenmarmelade
200 g weiche Butter oder Margarine

Nach Belieben zum Garnieren:
einige Gelee-Orangen oder kandierte Orangenscheiben

Für den Guss:
100 g gesiebter Puderzucker
1–2 EL Zitronensaft

Zubereitungszeit: 40 Minuten, ohne Abkühlzeit
Backzeit: 12–15 Minuten je Backblech

Insgesamt:
E: 39 g, F: 180 g, Kh: 453 g,
kJ: 15017, kcal: 3586

1 Für den Teig Mehl mit Backpulver und Kakao mischen, in eine Rührschüssel sieben. Zucker, Vanillin-Zucker, geriebene Minzeblättchen, Ei, Marmelade und Butter oder Margarine hinzufügen. Die Zutaten mit Handrührgerät mit Rührbesen zunächst kurz auf niedrigster, dann auf höchster Stufe in etwa 2 Minuten zu einem glatten Teig verarbeiten.

2 Den Teig mit zwei Teelöffeln in Häufchen auf Backbleche (mit Backpapier belegt) setzen. Die Backbleche nacheinander (bei Heißluft zusammen) in den Backofen schieben.

Ober-/Unterhitze: etwa 180 °C (vorgeheizt)
Heißluft: etwa 160 °C (vorgeheizt)
Backzeit: 10–15 Minuten je Backblech.

3 Das Gebäck mit dem Backpapier von den Backblechen auf Kuchenroste ziehen, Gebäck erkalten lassen.

4 Nach Belieben zum Garnieren Gelee-Orangen oder kandierte Orangen in kleine Dreiecke schneiden.

5 Für den Guss Puderzucker und Zitronensaft zu einer dickflüssigen Masse verrühren. Den Guss in einen kleinen Gefrierbeutel geben und eine Ecke abschneiden. Den Guss zickzackförmig auf das Gebäck spritzen. Nach Belieben vorbereitete Gelee-Orangen oder kandierte Orangen auf den feuchten Guss legen. Guss trocknen lassen.

Tipp: *Statt geriebener Pfefferminzblättchen 2 Beutel Pfefferminztee verwenden. Getrocknete Pfefferminzblätter kann man lose oder verpackt in Apotheken, Reformhäusern und Bioläden kaufen. Bereits geriebene Pfefferminzblätter werden als Pfefferminztee in Teebeuteln angeboten, erhältlich auch im Supermarkt.*

Raffiniert

Pflaumenmakronen
etwa 45 Stück

Zum Vorbereiten:
etwa 100 g getrocknete, entsteinte Pflaumen

Für die Eiweißmasse:
3 Eiweiß (Größe M)
1 TL Zitronensaft
170 g Zucker
150 g abgezogene, gemahlene Mandeln
2 gestr. TL Dr. Oetker Finesse Orangenschalen-Aroma
1 gestr. TL gemahlener Ingwer

Zum Bestreuen:
20 g gehackte Pistazienkerne

Zubereitungszeit: 40 Minuten
Backzeit: etwa 20 Minuten je Backblech

Insgesamt:
E: 46 g, F: 92 g, Kh: 233 g,
kJ: 8179, kcal: 1953

Haltbarkeit: *etwa 2 Wochen in gut schließenden Dosen*

1 Zum Vorbereiten die Pflaumen je nach Größe in 4 oder 6 Stücke schneiden.

2 Für die Eiweißmasse Eiweiß und Zitronensaft mit Handrührgerät mit Rührbesen auf höchster Stufe steif schlagen. Der Schnee muss so fest sein, dass ein Messerschnitt sichtbar bleibt. Nach und nach Zucker kurz unterschlagen.

3 Mandeln mit Orangenschalen-Aroma und Ingwer mischen, kurz auf mittlerer Stufe unter die Eischneemasse rühren.

4 Den Teig mit zwei Teelöffeln in Häufchen auf Backbleche (mit Backpapier belegt) setzen, dabei genügend Abstand zwischen den Teighäufchen lassen. Jeweils 1 Pflaumenstückchen in die Mandelhäufchen drücken. Mandelhäufchen mit Pistazienkernen bestreuen.

5 Die Backbleche nacheinander (bei Heißluft zusammen) in den Backofen schieben.

Ober-/Unterhitze: etwa 180 °C (vorgeheizt)
Heißluft: etwa 160 °C (vorgeheizt)
Backzeit: etwa 20 Minuten je Backblech.

6 Die Makronen mit dem Backpapier von den Backblechen auf Kuchenroste ziehen, Makronen erkalten lassen.

Tipp: *Wer auf den Ingwergeschmack verzichten möchte, kann die Makronen z. B. mit gemahlenem Zimt oder Kardamom würzen.*

Raffiniert

Limetten-Doppeldecker
etwa 20 Stück

Zum Vorbereiten:
1 Bio-Limette
(unbehandelt, ungewachst)

Für den Biskuitteig:
2 Eier (Größe M)
1 EL Limettensaft
(von der Bio-Limette)
100 g Zucker
1 Pck. Dr. Oetker Vanillin-Zucker
80 g Weizenmehl
20 g Speisestärke
½ gestr. TL Dr. Oetker Backin

Für die Füllung:
1 Tafel (100 g) weiße Schokolade
80 g Macadamianusskerne
(geröstet, gesalzen)
80 g Wildpreiselbeeren
(aus dem Glas)

*Zubereitungszeit: 50 Minuten,
ohne Abkühlzeit
Backzeit: 12–15 Minuten
je Backblech*

*Insgesamt:
E: 34 g, F: 104 g, Kh: 285 g,
kJ: 9232, kcal: 2204*

Haltbarkeit: *etwa 1 Woche in gut
schließenden Dosen*

1 Zum Vorbereiten Limette heiß abwaschen, trockenreiben, Schale auf einer Haushaltsreibe fein abreiben. Limette halbieren, auspressen, 1 Esslöffel von dem Saft abmessen.

2 Für den Teig Eier und Limettensaft mit Handrührgerät mit Rührbesen auf höchster Stufe in 1 Minute schaumig schlagen. Zucker und Vanillin-Zucker mischen, in 1 Minute einstreuen, dann noch etwa 2 Minuten schlagen. Mehl mit Speisestärke und Backpulver mischen, auf die Eiercreme sieben, mit der Limettenschale kurz auf niedrigster Stufe unterrühren.

3 Den Teig mit zwei Teelöffeln in Häufchen auf Backbleche (mit Backpapier belegt) setzen, dabei genügend Abstand zwischen den Teighäufchen lassen (Teig läuft etwas auseinander). Die Backbleche nacheinander (bei Heißluft zusammen) in den Backofen schieben.

Ober-/Unterhitze: etwa 200 °C (vorgeheizt)
Heißluft: etwa 180 °C (vorgeheizt)
Backzeit: 12–15 Minuten je Backblech.

4 Die Kekse mit dem Backpapier von den Backblechen auf Kuchenroste ziehen, Kekse erkalten lassen.

5 Für die Füllung Schokolade und Nusskerne mit einem Messer sehr fein hacken. Preiselbeeren in einem Topf kräftig aufkochen, in eine Schüssel geben. Nuss- und Schokoladenstücke sofort unterrühren. Die Hälfte der Kekse sofort mit der Preiselbeer-Schokoladen-Masse bestreichen, mit je einem Keks belegen und andrücken, trocknen lassen.

Tipp: *Das Gebäck mit Puderzucker verzieren. Dafür einen Kuchenrost auf das Gebäck legen und dick mit Puderzucker bestäuben, Rost vorsichtig abnehmen.*

Kekse mit Frucht

Raffiniert

Orangenmakronen
etwa 75 Stück

Für die Eiweißmasse:
3 Eiweiß (Größe M)
150 g feinkörniger Zucker
1 Pck. Dr. Oetker Vanillin-Zucker
abgeriebene Schale
von 1 Bio-Orange (unbehandelt, ungewachst) oder
1 Pck. Dr. Oetker Finesse Orangenschalen-Aroma
1 EL Orangensaft
200 g abgezogene, gehobelte Mandeln
50 g Semmelbrösel

Zum Verzieren:
25 g Halbbitter-Kuvertüre

Zubereitungszeit: 50 Minuten, ohne Abkühlzeit
Backzeit: etwa 25 Minuten je Backblech

Insgesamt:
E: 56 g, F: 118 g, Kh: 224 g,
kJ: 9114, kcal: 2177

Haltbarkeit: *2–3 Wochen in gut schließenden Dosen*

1 Für die Eiweißmasse Eiweiß, Zucker und Vanillin-Zucker in eine Schüssel geben, im heißen Wasserbad mit Handrührgerät mit Rührbesen so lange schlagen, bis eine steife Masse entstanden ist. Orangenschale oder Aroma und Orangensaft hinzufügen und weiterschlagen. Die Masse muss so steif sein, dass ein Messerschnitt sichtbar bleibt.

2 Die Schüssel aus dem Wasserbad nehmen. Mandeln und Semmelbrösel vorsichtig unter die Eiweißmasse heben.

3 Die Masse mit 2 Teelöffeln in Häufchen auf Backbleche (mit Backpapier belegt) setzen, dabei genügend Abstand zwischen den Teighäufchen lassen. Die Backbleche nacheinander (bei Heißluft zusammen) in den Backofen schieben.

Ober-/Unterhitze: etwa 140 °C (vorgeheizt)
Heißluft: etwa 120 °C (vorgeheizt)
Backzeit: etwa 25 Minuten je Backblech.

4 Die Makronen mit dem Backpapier von den Backblechen auf Kuchenroste ziehen (sie müssen innen noch weich sein, da sie während der Abkühlzeit nachtrocknen), Makronen erkalten lassen.

5 Zum Verzieren Kuvertüre in Stücke hacken, in einem kleinen Topf im Wasserbad bei schwacher Hitze unter Rühren schmelzen. Die Makronen damit besprenkeln. Guss trocknen lassen.

Mit Alkohol

Apfel-Kokos-Makronen
etwa 100 Stück

Für den All-in-Teig:
125 g Weizenmehl
2 gestr. TL Dr. Oetker Backin
125 g Zucker
1 Pck. Dr. Oetker Vanillin-Zucker
1 Ei (Größe M)
125 g weiche Butter
oder Margarine
125 g Kokosraspel
125 g zarte Haferflocken
50 g klein geschnittene,
getrocknete Apfelringe
60 g Korinthen
6 EL Rum

Zubereitungszeit: 40 Minuten
Backzeit: etwa 15 Minuten je Backblech

Insgesamt:
E: 48 g, F: 201 g, Kh: 375 g,
kJ: 15321, kcal: 3658

Haltbarkeit: *etwa 2 Wochen in gut schließenden Dosen*

1 Für den Teig Mehl mit Backpulver mischen und in eine Rührschüssel sieben. Zucker, Vanillin-Zucker, Ei und Butter oder Margarine hinzufügen. Die Zutaten mit Handrührgerät mit Rührbesen zunächst kurz auf niedrigster, dann auf höchster Stufe in etwa 3 Minuten zu einem glatten Teig verarbeiten. Kokosraspel und Haferflocken hinzufügen. Apfelstückchen mit Korinthen und Rum mischen und unter den Teig rühren.

2 Den Teig mit 2 Teelöffeln in knapp walnussgroßen Häufchen auf Backbleche (mit Backpapier belegt) setzen, dabei genügend Abstand zwischen den Teighäufchen lassen. Die Backbleche nacheinander (bei Heißluft zusammen) in den Backofen schieben.

Ober-/Unterhitze: etwa 180 °C (vorgeheizt)
Heißluft: etwa 160 °C (vorgeheizt)
Backzeit: etwa 15 Minuten je Backblech.

3 Die Makronen mit dem Backpapier von den Backblechen auf Kuchenroste ziehen, Makronen erkalten lassen.

Kekse mit Frucht

Vollwert

Aprikosen-Nuss-Krapfen
etwa 100 Stück

Für den Rührteig:
125 g Butter oder Margarine
150 g Birnen-Dattel-Kraut
abgeriebene Schale von
1 Bio-Zitrone (unbehandelt, ungewachst)
1 Prise Salz
2 Eier (Größe M)
200 g Speisequark (Magerstufe)
250 g Weizenmehl (Type 550)
125 g Buchweizenmehl
3 geh. TL Dr. Oetker Backin
150 g getrocknete, weiche Aprikosen (ungeschwefelt)
100 g gehackte Haselnusskerne

1 l Speiseöl

Zubereitungszeit: 60 Minuten, ohne Abkühlzeit
Backzeit: 4–5 Minuten je Portion

Insgesamt:
E: 100 g, F: 238 g, Kh: 419 g,
kJ: 17661, kcal: 2417

1 Für den Teig Butter oder Margarine mit Handrührgerät mit Rührbesen auf höchster Stufe geschmeidig rühren. Nach und nach Birnen-Dattel-Kraut, Zitronenschale und Salz unterrühren. So lange rühren, bis eine gebundene Masse entstanden ist.

2 Eier nach und nach unterrühren (jedes Ei etwa ½ Minute). Quark hinzufügen. Beide Weizensorten mit Backpulver mischen und esslöffelweise auf mittlerer Stufe unterrühren.

3 Aprikosen in Würfel schneiden, zusammen mit den Haselnusskernen unter den Teig heben.

4 Von dem Teig mit 2 Teelöffeln jeweils etwas Teig abstechen und in siedendem Speiseöl 4–5 Minuten knusprig braun backen.

5 Krapfen mit einer Schaumkelle herausnehmen, auf Küchenpapier legen und abtropfen lassen. Krapfen erkalten lassen und sofort servieren.

Tipp: *Birnen-Dattel-Kraut gibt es im Bioladen. Birnenkraut kann auch durch Apfelkraut ersetzt werden. Bestäuben Sie die abgekühlten Krapfen mit Puderzucker.*

Abwandlung: **Aprikosen-Nuss-Kekse** *(im Backofen gebacken). Dazu den Teig mit zwei Teelöffeln abstechen, auf ein mit Backpapier belegtes Backblech setzen und im Backofen bei 180 °C (Ober-/Unterhitze) oder 160 °C (Heißluft) etwa 15 Minuten backen.*
Die Kekse nach dem Erkalten nach Belieben mit 50 g aufgelöster Vollmilch-Schokolade besprenkeln.

Kekse mit Frucht

Vollwert

Dattelhäufchen
etwa 75 Stück

Zum Vorbereiten:
100 g mittelfeine Haferflocken
250 g frische Datteln

Für den Teig:
50 g weiche Butter
3 EL Ahornsirup
2 Eier (Größe M)
50 g geriebene Haselnusskerne
1 gestr. TL Dr. Oetker Backin

Zubereitungszeit: 45 Minuten, ohne Abkühlzeit
Backzeit: etwa 30 Minuten

Insgesamt:
E: 38 g, F: 93 g, Kh: 235 g,
kJ: 8111, kcal: 1935

Haltbarkeit: *etwa 2 Wochen in gut schließenden Dosen*

1 Zum Vorbereiten Haferflocken in einer Pfanne ohne Fett bei schwacher Hitze unter Rühren rösten, Haferflocken auf einem Teller erkalten lassen. Datteln entkernen, enthäuten, in einen Mixbecher geben und pürieren.

2 Für den Teig Butter und Ahornsirup in eine Rührschüssel geben und mit Handrührgerät mit Rührbesen auf höchster Stufe zu einer geschmeidigen Masse verrühren. Nach und nach Eier unterrühren (jedes Ei etwa ½ Minute). Haselnusskerne mit Backpulver und den Haferflocken mischen, in 2 Portionen mit dem Dattelpüree auf niedrigster Stufe unterrühren.

3 Den Teig mit 2 Teelöffeln in walnussgroßen Häufchen auf Backbleche (mit Backpapier belegt) setzen, dabei genügend Abstand zwischen den Teighäufchen lassen. Die Backbleche nacheinander (bei Heißluft zusammen) in den Backofen schieben.

Ober-/Unterhitze: etwa 180 °C (vorgeheizt)
Heißluft: etwa 160 °C (vorgeheizt)
Backzeit: etwa 30 Minuten.

4 Die Dattelhäufchen mit dem Backpapier von den Backblechen auf Kuchenroste ziehen, Dattelhäufchen erkalten lassen.

Kekse mit Frucht

Schnell

Früchteplätzchen
etwa 140 Stück

Für den Rührteig:
250 g Butter oder Margarine
150 g Zucker
1 Pck. Dr. Oetker Vanillin-Zucker
3 Eigelb (Größe M)
300 g Weizenmehl
1 schwach geh. TL Dr. Oetker Backin
2 EL Zitronensaft
100 g in Scheiben geschnittene Haselnusskerne
75 g Korinthen
50 g fein gehacktes Zitronat (Sukkade)

50 g Puderzucker zum Bestäuben

Zubereitungszeit: 40 Minuten
Backzeit: 15–20 Minuten je Backblech

Insgesamt:
E: 57 g, F: 292 g, Kh: 497 g,
kJ: 20307, kcal: 4849

Haltbarkeit: *etwa 3 Wochen in gut schließenden Dosen*

1 Für den Teig Butter oder Margarine mit Handrührgerät mit Rührbesen auf höchster Stufe geschmeidig rühren. Nach und nach Zucker und Vanillin-Zucker unterrühren. So lange rühren, bis eine gebundene Masse entstanden ist.

2 Eigelb nach und nach unterrühren (jedes Eigelb knapp ½ Minute). Mehl mit Backpulver mischen, sieben und in 2 Portionen mit dem Zitronensaft auf mittlerer Stufe unterrühren. Haselnusskerne, Korinthen und Zitronat unterrühren.

3 Von dem Teig mit 2 Teelöffeln Häufchen auf Backbleche (mit Backpapier belegt) setzen, dabei genügend Abstand zwischen den Teighäufchen lassen.

4 Die Backbleche nacheinander (bei Heißluft zusammen) in den Backofen schieben.

Ober-/Unterhitze: etwa 180 °C (vorgeheizt)
Heißluft: etwa 160 °C (vorgeheizt)
Backzeit: 15–20 Minuten je Backblech.

5 Die Früchteplätzchen mit dem Backpapier von den Backblechen auf Kuchenroste ziehen. Früchteplätzchen sofort mit Puderzucker bestäuben und erkalten lassen.

Vollwert

Haferflocken-Frucht-Makronen
etwa 40 Stück

Für die Eiweißmasse:
2 Eiweiß (Größe M)
2 EL Zucker
4 EL Hagebuttenkonfitüre
(ohne Fruchtstücke)
50 g abgezogene,
gemahlene Mandeln
125 g kernige Haferflocken

Für die Füllung:
2 EL Hagebuttenkonfitüre
(ohne Fruchtstücke)

Zubereitungszeit: 45 Minuten
Backzeit: etwa 25 Minuten

Insgesamt:
E: 37 g, F: 37 g, Kh: 231 g,
kJ: 5931, kcal: 1413

Haltbarkeit: *etwa 2 Wochen in gut schließenden Dosen*

1 Für die Eiweißmasse Eiweiß mit Handrührgerät mit Rührbesen auf höchster Stufe steif schlagen. Der Schnee muss so fest sein, dass ein Messerschnitt sichtbar bleibt. Nach und nach Zucker und Konfitüre kurz unterschlagen. Mandeln und Haferflocken vorsichtig unterheben.

2 Von der Eiweißmasse mit 2 Teelöffeln Häufchen auf Backbleche (mit Backpapier belegt) setzen. Mit einem Löffelstiel jeweils eine kleine Vertiefung in die Teighäufchen drücken. Die Backbleche nacheinander (bei Heißluft zusammen) in den Backofen schieben.

Ober-/Unterhitze: 140–160 °C (vorgeheizt)
Heißluft: 120–140 °C (vorgeheizt)
Backzeit: etwa 25 Minuten.

3 Die Makronen mit dem Backpapier von den Backblechen auf Kuchenroste ziehen.

4 Für die Füllung Konfitüre gut verrühren. Jeweils etwas Konfitüre in die Vertiefungen der noch heißen Makronen geben. Makronen erkalten lassen.

Kekse mit Frucht

Kekse mit Nüssen und Mandeln

Einfach

Amerikanische Walnusskekse
etwa 65 Stück

Für den All-in-Teig:
150 g Walnusskerne
170 g Weizenmehl
30 g Speisestärke
30 g Kakaopulver
1 gestr. TL Dr. Oetker Backin
120 g brauner Zucker (Kandisfarin)
2 Pck. Dr. Oetker Vanillin-Zucker
1 Prise Salz
1 Ei (Größe M)
125 ml (⅛ l) Buttermilch
120 g Pflanzenfett, z. B. Palmin-Soft

Zubereitungszeit: 40 Minuten
Backzeit: etwa 15 Minuten je Backblech

Insgesamt:
E: 57 g, F: 230 g, Kh: 304 g,
kJ: 14547, kcal: 3493

1 Für den Teig Walnusskerne hacken. Mehl mit Speisestärke, Kakao und Backpulver mischen, in eine Rührschüssel sieben. Zucker, Vanillin-Zucker, Salz, Ei, Buttermilch, Pflanzenfett und Walnusskerne hinzufügen. Die Zutaten mit Handrührgerät mit Rührbesen zunächst kurz auf niedrigster, dann auf höchster Stufe in etwa 2 Minuten zu einem Teig verarbeiten. Zuletzt Walnusskerne unterrühren.

2 Den Teig mit zwei Teelöffeln in Häufchen auf Backbleche (mit Backpapier belegt) setzen, dabei genügend Abstand zwischen den Teighäufchen lassen.

3 Die Backbleche nacheinander (bei Heißluft zusammen) in den Backofen schieben.

Ober-/Unterhitze: etwa 180 °C (vorgeheizt)
Heißluft: etwa 160 °C (vorgeheizt)
Backzeit: etwa 15 Minuten je Backblech.

4 Die Kekse mit dem Backpapier von den Backblechen auf Kuchenroste ziehen und erkalten lassen.

Tipp: *Die Walnusskekse halten sich in einer gut schließenden Dose 1–2 Wochen frisch.*

Dauert etwas länger

Zimtberge
etwa 45 Stück

Zum Vorbereiten:
200 g gemahlene Haselnusskerne

Für die Eiweißmasse:
3 Eiweiß (Größe M)
1 TL Zitronensaft
220 g gesiebter Puderzucker
2 gestr. TL gemahlener Zimt
1 Pck. Dr. Oetker Finesse Geriebene Zitronenschale
70 g abgezogene, gemahlene Mandeln

Zubereitungszeit: 40 Minuten, ohne Abkühlzeit
Backzeit: 25–30 Minuten je Backblech

Insgesamt:
E: 49 g, F: 161 g, Kh: 250 g,
kJ: 11002, kcal: 2628

1. Zum Vorbereiten Haselnusskerne in einer Pfanne ohne Fett kurz rösten, auf einem Teller erkalten lassen.

2. Für die Eiweißmasse Eiweiß und Zitronensaft mit Handrührgerät mit Rührbesen auf höchster Stufe steif schlagen. Der Schnee muss so fest sein, dass ein Messerschnitt sichtbar bleibt. Nach und nach Puderzucker unterschlagen. Zwei gehäufte Esslöffel der Eischneemasse abnehmen, in einen kleinen Gefrierbeutel geben und den Beutel verschließen.

3. Zimt, Zitronenschale, Mandeln und Haselnusskerne mischen, in 2 Portionen kurz auf mittlerer Stufe unter die restliche Eischneemasse rühren.

4. Die Masse mit zwei Teelöffeln in Häufchen auf Backbleche (mit Backpapier belegt) geben, dabei genügend Abstand zwischen den Häufchen lassen.

5. Von dem Gefrierbeutel mit der Eischneemasse eine kleine Ecke abschneiden. Auf jeden Zimtberg eine Spitze spritzen. Die Backbleche nacheinander (bei Heißluft zusammen) in den Backofen schieben.

Ober-/Unterhitze: etwa 150 °C (vorgeheizt)
Heißluft: etwa 130 °C (vorgeheizt)
Gas: etwa Stufe 1 (vorgeheizt)
Backzeit: 25–30 Minuten je Backblech.

6. Zimtberge mit dem Backpapier von den Backblechen auf Kuchenroste ziehen und erkalten lassen.

Kekse mit Nüssen und Mandeln

Raffiniert

Sonnenblumenspitzen
etwa 50 Stück

Zum Vorbereiten:
60 g Sonnenblumenkerne
30 g flüssiger Honig
20 g Zucker
1 Pck. Dr. Oetker Finesse Geriebene Zitronenschale

Für den Rührteig:
170 g Butter oder Margarine
100 g Zucker
1 Ei (Größe M)
1 Eigelb (Größe M)
1 gestr. TL Dr. Oetker Finesse Orangenschalen-Aroma
200 g Weizenmehl
1 gestr. TL Dr. Oetker Backin

Zubereitungszeit: 40 Minuten
Backzeit: 12–15 Minuten je Backblech

Insgesamt:
E: 56 g, F: 205 g, Kh: 353 g,
kJ: 14527, kcal: 3468

1. Zum Vorbereiten Sonnenblumenkerne grob hacken und in eine Rührschüssel geben. Honig, Zucker und Zitronenschale untermengen.

2. Für den Teig Butter oder Margarine mit Handrührgerät mit Rührbesen auf höchster Stufe geschmeidig rühren. Nach und nach Zucker unterrühren. So lange rühren, bis eine gebundene Masse entstanden ist. Ei und Eigelb unterrühren (Ei und Eigelb je etwa ½ Minute). Orangenschalen-Aroma hinzufügen.

3. Mehl mit Backpulver mischen, sieben und in 2 Portionen kurz auf mittlerer Stufe unterrühren. Den Teig mit zwei Teelöffeln in Häufchen auf 2 Backbleche (mit Backpapier belegt) setzen, dabei genügend Abstand zwischen den Teighäufchen lassen. Mit einem kalt abgespülten Teelöffel jeweils die Spitzen der Teighäufchen etwas eindrücken. Mit 2 Teelöffeln etwas von der vorbereiteten Sonnenblumenkernmasse in die Vertiefungen der einzelnen Teighäufchen als Spitze setzen.

4. Die Backbleche nacheinander (bei Heißluft zusammen) in den Backofen schieben.

Ober-/Unterhitze: etwa 180 °C (vorgeheizt)
Heißluft: etwa 160 °C (vorgeheizt)
Backzeit: 12–15 Minuten je Backblech.

5. Das Gebäck mit dem Backpapier von den Backblechen auf Kuchenroste ziehen und erkalten lassen.

Kekse mit Nüssen und Mandeln

Mit Alkohol

Piña-Colada-Makronen
etwa 60 Stück

Zum Vorbereiten:
100 g getrocknete gezuckerte Ananasstücke
3 EL weißer Rum

Für die Eiweißmasse:
3 Eiweiß (Größe M)
120 g feinkörniger Zucker
1 Prise Salz
abgeriebene Schale von ½ Bio-Limette (unbehandelt, ungewachst)
200 g Kokosraspel

Für den Guss:
50 g Kuchenglasur Zitronen-Geschmack

Zum Garnieren:
einige rote Belegkirschen
einige getrocknete gezuckerte Ananasstückchen
einige Limettenschalen von 1 Bio-Limette (unbehandelt, ungewachst)

Zubereitungszeit: 30 Minuten, ohne Durchzieh- und Abkühlzeit
Backzeit: etwa 20 Minuten je Backblech

Insgesamt:
E: 27 g, F: 149 g, Kh: 278 g,
kJ: 11042, kcal: 2630

1 Zum Vorbereiten Ananasstücke sehr fein hacken, in eine Schüssel geben und mit Rum mischen. Etwa 1 Stunde stehen lassen, bis der Rum fast vollständig aufgesogen ist.

2 Für die Eiweißmasse Eiweiß mit Handrührgerät mit Rührbesen auf höchster Stufe steif schlagen. Der Schnee muss so fest sein, dass ein Messerschnitt sichtbar bleibt. Zucker und Salz kurz unterschlagen.

3 Limettenschale, Kokosraspel und die eingeweichten Ananasstückchen vorsichtig unterheben.

4 Die Masse mit 2 Teelöffeln in Häufchen auf Backbleche (mit Backpapier belegt) setzen, dabei genügend Abstand zwischen den Häufchen lassen.

5 Die Backbleche nacheinander (bei Heißluft zusammen) in den Backofen schieben.

Ober-/Unterhitze: etwa 140 °C (vorgeheizt)
Heißluft: etwa 120 °C (vorgeheizt)
Backzeit: etwa 20 Minuten je Backblech.

6 Die Makronen mit dem Backpapier von den Backblechen auf Kuchenroste ziehen. Makronen erkalten lassen.

7 Für den Guss Kuchenglasur im heißen Wasserbad nach Packungsanleitung auflösen. Die Spitzen der Makronen mit dem Guss bestreichen. Belegkirschen in kleine Stücke schneiden. Kirsch-, Ananasstückchen und Limettenschale auf den Guss legen. Guss trocknen lassen.

Kekse mit Nüssen und Mandeln

Einfach

Sirup-Nuss-Taler
etwa 40 Stück

Zum Vorbereiten:
100 g gemahlene Haselnusskerne

Für den Biskuitteig:
1 Ei (Größe M)
1 Eigelb (Größe M)
90 g Zucker
1 Pck. Dr. Oetker Vanillin-Zucker
1 Prise Salz
30 g brauner Zuckerrübensirup (Rübenkraut)
50 g Weizenmehl
1 gestr. TL Dr. Oetker Backin

etwa 40 g gehobelte Haselnusskerne

Zubereitungszeit: 40 Minuten, ohne Abkühlzeit
Backzeit: 10–15 Minuten je Backblech

Insgesamt:
E: 33 g, F: 99 g, Kh: 169 g,
kJ: 7068, kcal: 1686

1 Zum Vorbereiten Haselnusskerne in einer Pfanne ohne Fett hellbraun rösten und auf einem Teller erkalten lassen.

2 Für den Teig Ei und Eigelb mit Handrührgerät mit Rührbesen auf höchster Stufe in 1 Minute schaumig schlagen. Zucker, Vanillin-Zucker und Salz mischen, in 1 Minute einstreuen, Sirup hinzufügen und noch etwa 2 Minuten schlagen.

3 Mehl mit Backpulver mischen, sieben und kurz auf niedrigster Stufe unterrühren. Haselnusskerne unterheben.

4 Den Teig mit zwei Teelöffeln in Häufchen auf Backbleche (mit Backpapier belegt) setzen, dabei genügend Abstand zwischen den Teighäufchen lassen. Die Teighäufchen mit gehobelten Haselnusskernen belegen. Die Backbleche nacheinander (bei Heißluft zusammen) in den Backofen schieben.

Ober-/Unterhitze: etwa 180 °C (vorgeheizt)
Heißluft: etwa 160 °C (vorgeheizt)
Backzeit: 10–15 Minuten je Backblech.

5 Das Gebäck mit dem Backpapier von den Backblechen auf Kuchenroste ziehen und erkalten lassen.

Einfach

Scharfe Cashewteilchen
etwa 55 Stück

Zum Vorbereiten:
100 g Cashewkerne

Für den All-in-Teig:
200 g Weizenmehl
1 Msp. Dr. Oetker Backin
100 g brauner Zucker (Kandisfarin)
1 Prise Salz
1 Msp. Cayennepfeffer
2 EL (30 g) flüssiger Honig
1 Ei (Größe M)
150 g weiche Butter
oder Margarine

Für den Belag:
80 g Cashewkerne
1 Eiweiß (Größe M)
1 Prise Salz

Zubereitungszeit: 50 Minuten
Backzeit: 10–15 Minuten
je Backblech

Insgesamt:
E: 65 g, F: 209 g, Kh: 317 g,
kJ: 14216, kcal: 3396

1 Zum Vorbereiten Cashewkerne in feine Stücke hacken.

2 Für den Teig Mehl mit Backpulver mischen und in eine Rührschüssel sieben. Zucker, Salz, Cayennepfeffer, Honig, Ei und Butter oder Margarine hinzufügen. Die Zutaten mit Handrührgerät mit Rührbesen zunächst kurz auf niedrigster, dann auf höchster Stufe zu einem Teig verarbeiten. Cashewkerne unterrühren.

3 Den Teig mit zwei Teelöffeln in Häufchen auf Backbleche (mit Backpapier belegt) setzen, dabei genügend Abstand zwischen den Teighäufchen lassen.

4 Für den Belag jedes Teighäufchen mit einem Cashewkern belegen und leicht in den Teig drücken. Eiweiß mit Salz verschlagen. Teighäufchen und Cashewkerne damit bestreichen. Die Backbleche nacheinander (bei Heißluft zusammen) in den Backofen schieben.

Ober-/Unterhitze: etwa 180 °C (vorgeheizt)
Heißluft: etwa 160 °C (vorgeheizt)
Backzeit: 10–15 Minuten je Backblech.

5 Das Gebäck mit dem Backpapier von den Backblechen auf Kuchenroste ziehen und erkalten lassen.

Tipp: *Anstelle von Cashewkernen können auch abgezogene ganze Mandeln verwendet werden.*

Etwas teurer

Süße Walnusshäufchen
etwa 60 Stück

Für den Rührteig:
200 g Butter oder Margarine
150 g Zucker
1 Pck. Dr. Oetker Vanillin-Zucker
2 Eier (Größe M)
100 g Magerquark
300 g Weizenmehl
1 gestr. TL Dr. Oetker Backin
100 g gehackte Walnusskerne
50 g gehackte Vollmilchschokolade

Für den Guss:
100 g Halbbitter-Kuvertüre
2 TL Speiseöl

etwa 150 g Walnusskerne

*Zubereitungszeit: 50 Minuten,
ohne Abkühlzeit
Backzeit: 15-20 Minuten
je Backblech*

*Insgesamt:
E: 108 g, F: 396 g, Kh: 480 g,
kJ: 24620, kcal: 5884*

1 Für den Teig Butter oder Margarine mit Handrührgerät mit Rührbesen auf höchster Stufe geschmeidig rühren. Nach und nach Zucker und Vanillin-Zucker unterrühren. So lange rühren, bis eine gebundene Masse entstanden ist.

2 Eier nach und nach unterrühren (jedes Ei etwa ½ Minute). Quark unterrühren. Mehl mit Backpulver mischen, sieben und in 2 Portionen kurz auf mittlerer Stufe unterrühren. Zuletzt Walnusskerne und Schokoladenstückchen unterheben.

3 Den Teig mit 2 Teelöffeln in Häufchen auf Backbleche (gefettet, mit Backpapier belegt) setzen, dabei genügend Abstand zwischen den Teighäufchen lassen.

4 Die Backbleche nacheinander (bei Heißluft zusammen) in den Backofen schieben.

Ober-/Unterhitze: etwa 180 °C (vorgeheizt)
Heißluft: etwa 160 °C (vorgeheizt)
Backzeit: 15–20 Minuten je Backblech.

5 Die Plätzchen mit dem Backpapier von den Backblechen auf Kuchenroste ziehen. Plätzchen erkalten lassen.

6 Für den Guss Kuvertüre in kleine Stücke hacken, mit Speiseöl in einem kleinen Topf im Wasserbad bei schwacher Hitze zu einer geschmeidigen Masse verrühren. Das Gebäck zur Hälfte in die Kuvertüre tauchen und mit Walnusskernen belegen (Walnusskerne nach Belieben zur Hälfte mit der Kuvertüre bestreichen). Kuvertüre fest werden lassen.

Tipp: *Die Plätzchen in einer gut schließenden Dose aufbewahren.*

Kekse mit Nüssen und Mandeln

Dauert länger

Mandelbrocken
etwa 40 Stück

Zum Vorbereiten:
200 g ungeschälte, ganze Mandeln

Für den Hefeteig:
180 g Weizenmehl (Type 550)
½ Pck. (21 g) frische Hefe
125 ml (⅛ l) lauwarme Milch
40 g flüssiger Honig
60 g Zucker
1 Prise Salz
1 gestr. TL gemahlener Zimt
125 g zerlassene abgekühlte Butter oder Margarine

Für den Belag:
etwa 50 g ungeschälte, ganze Mandeln

2 EL Schlagsahne zum Bestreichen

Zubereitungszeit: 40 Minuten, ohne Teiggehzeit
Backzeit: 20–25 Minuten je Backblech

Insgesamt:
E: 75 g, F: 252 g, Kh: 234 g,
kJ: 14601, kcal: 3487

Haltbarkeit: *3–4 Tage in gut schließenden Dosen*

1 Zum Vorbereiten Mandeln grob hacken (Blitzhacker) oder mit einem Messer klein schneiden.

2 Für den Teig Mehl in eine Rührschüssel sieben. In die Mitte eine Vertiefung drücken. Hefe hineinbröckeln, Milch mit Honig verrühren und hinzufügen. Mit einer Gabel vorsichtig verrühren. Den Teigbrei so lange an einem warmen Ort stehen lassen, bis er sich sichtbar vergrößert hat.

3 Zucker, Salz, Zimt, gehackte Mandeln und Butter oder Margarine hinzufügen. Die Zutaten mit Handrührgerät mit Knethaken zunächst kurz auf niedrigster, dann auf höchster Stufe in etwa 5 Minuten zu einem Teig verarbeiten. Den Teig zugedeckt so lange an einem warmen Ort gehen lassen, bis er sich sichtbar vergrößert hat.

4 Den Teig mit zwei Teelöffeln in Häufchen auf Backbleche (mit Backpapier belegt) setzen, dabei genügend Abstand zwischen den Teighäufchen lassen. Auf jedes Teighäufchen eine Mandel legen und andrücken. Die Teighäufchen mit Sahne bestreichen. Die Backbleche nacheinander (bei Heißluft zusammen) in den Backofen schieben.

Ober-/Unterhitze: etwa 180 °C (vorgeheizt)
Heißluft: etwa 160 °C (vorgeheizt)
Backzeit: 20–25 Minuten je Backblech.

5 Die Mandelbrocken mit dem Backpapier von den Backblechen auf Kuchenroste ziehen, Mandelbrocken erkalten lassen.

Kekse mit Nüssen und Mandeln

Raffiniert

Schokokräcker mit Nusskernen
etwa 45 Stück

Für den Sirup:
100 g Zucker
1 Pck. Dr. Oetker Vanillin-Zucker
30 g flüssiger Honig
4 EL Schlagsahne
70 g Butter

Für den Teig:
200 g gemischte Nusskerne (s. Tipp)
1 Eigelb (Größe M)
50 g Weizenmehl
30 g Speisestärke
½ gestr. TL Dr. Oetker Backin
10 g Kakaopulver

Zubereitungszeit: 40 Minuten, ohne Abkühlzeit
Backzeit: 15–18 Minuten je Backblech

Insgesamt:
E: 46 g, F: 190 g, Kh: 215 g,
kJ: 11484, kcal: 2742

Haltbarkeit: *etwa 2 Wochen in gut schließenden Dosen*

1 Für den Sirup Zucker, Vanillin-Zucker, Honig, Sahne und Butter in einem Topf unter gelegentlichem Rühren bei mittlerer Hitze zum Kochen bringen. Den Topf von der Kochstelle nehmen, den Sirup abkühlen lassen.

2 Für den Teig gemischte Nusskerne und Eigelb unter den abgekühlten Sirup rühren. Mehl mit Speisestärke, Backpulver und Kakao mischen, auf die Nuss-Sirup-Masse sieben und unterrühren.

3 Den Teig mit zwei Teelöffeln in Häufchen auf Backbleche (mit Backpapier belegt) setzen, dabei genügend Abstand zwischen den Teighäufchen lassen (der Teig läuft auseinander). Die Backbleche nacheinander (bei Heißluft zusammen) in den Backofen schieben.

Ober-/Unterhitze: etwa 180 °C (vorgeheizt)
Heißluft: etwa 160 °C (vorgeheizt)
Backzeit: 15–18 Minuten je Backblech.

4 Die Backbleche auf Kuchenroste setzen. Das Gebäck auf den Backblechen erkalten lassen. (Erst beim Abkühlen wird das Gebäck fest.)

Tipp: *Als Nusskerne eignen sich Pinienkerne, abgezogene, gestiftelte Mandeln, halbierte Cashewkerne (möglichst ohne Salz) und grob gehackte Macadamianusskerne (möglichst ohne Salz).*

Etwas aufwändiger

Nussberge
etwa 35 Stück

Zum Vorbereiten:
300 g Haselnusskerne

Für die Sirupmasse:
70 g brauner Zucker
1 Pck. Dr. Oetker Vanillin-Zucker
20 g brauner Zuckerrübensirup
(Rübenkraut)
30 g Butter
3 EL Schlagsahne
20 g gesiebtes Weizenmehl

Für den Guss:
120 g Zartbitterschokolade
1 EL Speiseöl

Zubereitungszeit: 60 Minuten, ohne Röst- und Abkühlzeit

Röstzeit: etwa 15 Minuten
Backzeit: 10–15 Minuten je Backblech

Insgesamt:
E: 46 g, F: 259 g, Kh: 186 g,
kJ: 13555, kcal: 3236

Haltbarkeit: *3–4 Wochen in gut schließenden Dosen*

1 Zum Vorbereiten Haselnusskerne auf einem Backblech verteilen. Das Backblech in den Backofen schieben, die Nusskerne so lange rösten, bis die braune Haut sich löst.

Ober-/Unterhitze: etwa 180 °C (vorgeheizt)
Heißluft: etwa 160 °C (vorgeheizt)
Röstzeit: etwa 15 Minuten.

2 Haselnusskerne auf ein Geschirrtuch geben, etwas abkühlen lassen und die Haut abrubbeln.

3 Für die Sirupmasse braunen Zucker, Vanillin-Zucker, Zuckerrübensirup, Butter, Sahne und Mehl in einem Topf verrühren und unter Rühren kräftig aufkochen lassen. Den Topf von der Kochstelle nehmen und die Haselnusskerne unterrühren. Die Nussmasse etwa 10 Minuten abkühlen lassen, dann nochmals durchrühren.

4 Die Nussmasse mit zwei Teelöffeln in Häufchen auf Backbleche (mit Backpapier belegt) setzen, dabei genügend Abstand zwischen den Teighäufchen lassen. Die Backbleche nacheinander (bei Heißluft zusammen) in den Backofen schieben.

Ober-/Unterhitze: etwa 180 °C (vorgeheizt)
Heißluft: etwa 160 °C (vorgeheizt)
Backzeit: 10–15 Minuten je Backblech.

5 Das Gebäck mit dem Backpapier von den Backblechen auf Kuchenroste ziehen, Gebäck erkalten lassen.

6 Für den Guss Schokolade in Stücke brechen, mit Speiseöl in einem kleinen Topf im Wasserbad bei schwacher Hitze schmelzen.

(Fortsetzung Seite 66)

Kekse mit Nüssen und Mandeln

7. Die Nussberge umdrehen, evtl. die überstehende Sirupmasse abbrechen. Nussberge mit der Unterseite in den Guss tauchen, abtropfen lassen und mit der Unterseite auf Backpapier setzen. Guss trocknen lassen.

Raffiniert
Wundernüsschen
etwa 50 Stück

Für die Eiweißmasse:
2 Eiweiß (Größe M)
75 g Zucker
1 Pck. Dr. Oetker Vanillin-Zucker
2 Tropfen Bittermandel-Aroma
175 g gemahlene Haselnusskerne

1 geh. EL gelbe oder rote Konfitüre oder Gelee

Zubereitungszeit: 40 Minuten
Backzeit: etwa 15 Minuten je Backblech

Insgesamt:
E: 29 g, F: 108 g, Kh: 122 g,
kJ: 6555, kcal: 1566

Haltbarkeit: *etwa 2 Wochen in gut schließenden Dosen (ohne Füllung)*

1. Für die Eiweißmasse Eiweiß mit Handrührgerät mit Rührbesen auf höchster Stufe steif schlagen. Der Schnee muss so fest sein, dass ein Messerschnitt sichtbar bleibt. Nach und nach Zucker, Vanillin-Zucker und Aroma kurz unterschlagen. Haselnusskerne vorsichtig auf niedrigster Stufe unterrühren.

2. Den Teig mit 2 Teelöffeln in Häufchen auf Backbleche (mit Backpapier belegt) setzen, dabei genügend Abstand zwischen den Teighäufchen lassen. Mit einem Holzlöffelstiel jeweils eine kleine Vertiefung in die Teighäufchen drücken.

3. Die Backbleche nacheinander (bei Heißluft zusammen) in den Backofen schieben.

Ober-/Unterhitze: etwa 180 °C (vorgeheizt)
Heißluft: etwa 160 °C (vorgeheizt)
Backzeit: etwa 15 Minuten je Backblech.

4. Die Wundernüsschen mit dem Backpapier von den Backblechen auf Kuchenroste ziehen. In die Vertiefungen der noch heißen Wundernüsschen jeweils etwas Konfitüre oder Gelee füllen. Wundernüsschen erkalten lassen.

Kekse mit Nüssen und Mandeln

Für Kinder

Raspeli
etwa 80 Stück

Für die Eiweißmasse:
3 Eiweiß (Größe M)
200 g Zucker
1 Pck. Dr. Oetker Vanillin-Zucker
30 g Kakaopulver
150 g Kokosraspel

Zubereitungszeit: 30 Minuten
Backzeit: etwa 25 Minuten

Insgesamt:
E: 27 g, F: 102 g, Kh: 221 g,
kJ: 7964, kcal: 1902

Haltbarkeit: *2–3 Wochen in gut schließenden Dosen*

1 Für die Eiweißmasse Eiweiß mit Handrührgerät mit Rührbesen auf höchster Stufe steif schlagen. Der Schnee muss so fest sein, dass ein Messerschnitt sichtbar bleibt. Nach und nach Zucker und Vanillin-Zucker kurz unterschlagen.

2 Kakao auf die Eiweißmasse sieben, Kokosraspel hinzugeben und vorsichtig auf niedrigster Stufe unterrühren.

3 Den Teig mit 2 Teelöffeln in Häufchen auf ein Backblech (mit Backpapier belegt) setzen, dabei genügend Abstand zwischen den Teighäufchen lassen. Das Backblech in den Backofen schieben.

Ober-/Unterhitze: etwa 140 °C (vorgeheizt)
Heißluft: etwa 120 °C (vorgeheizt)
Backzeit: etwa 25 Minuten.

4 Die Raspeli mit dem Backpapier vom Backblech auf einen Kuchenrost ziehen, Raspeli erkalten lassen.

Tipp: *Raspeli nach Belieben mit Puderzucker bestäuben und vor dem Backen mit Kokosraspeln bestreuen.*

Kekse mit Nüssen und Mandeln

Mit Alkohol

Biskuit-Rum-Taler
etwa 25 Stück

Für den Biskuitteig:
3 Eier (Größe M)
120 g Zucker
1 Prise Salz
einige Tropfen Rum-Aroma
(aus dem Röhrchen)
150 g Weizenmehl
1 leicht geh. EL Kakaopulver

Für die Füllung:
100 g Nuss-Nougat

*Zubereitungszeit: 45 Minuten,
ohne Abkühlzeit
Backzeit: etwa 12 Minuten
je Backblech*

*Insgesamt:
E: 48 g, F: 56 g, Kh: 275 g,
kJ: 7502, kcal: 1791*

Haltbarkeit: *etwa 6 Tage in gut
schließenden Dosen*

1 Für den Teig Eier in einer Rührschüssel mit Handrührgerät mit Rührbesen auf höchster Stufe in 1 Minute schaumig schlagen. Zucker und Salz in 1 Minute einstreuen, dann noch etwa 2 Minuten schlagen. Aroma kurz unterrühren.

2 Mehl portionsweise auf die Eiercreme sieben, kurz auf niedrigster Stufe unterrühren. Von dem Teig 5 gehäufte Esslöffel abnehmen und mit Kakao verrühren. Den Kakaoteig in einen kleinen Gefrierbeutel füllen und eine kleine Ecke abschneiden.

3 Den Teig mit 2 Teelöffeln in Häufchen auf Backbleche (mit Backpapier belegt) setzen, dabei genügend Abstand zwischen den Teighäufchen lassen, Teighäufchen mit dem Löffel etwas flach drücken. Den Kakaoteig spiralförmig auf die hellen Teigplätzchen spritzen. Die Backbleche nacheinander (bei Heißluft zusammen) in den Backofen schieben.

Ober-/Unterhitze: 180–200 °C (vorgeheizt)
Heißluft: 160–180 °C (vorgeheizt)
Backzeit: etwa 12 Minuten je Backblech.

4 Die Biskuit-Rum-Taler mit dem Backpapier von den Backblechen auf Kuchenroste ziehen. Biskuit-Rum-Taler erkalten lassen.

5 Für die Füllung Nougat in einem kleinen Topf im Wasserbad geschmeidig rühren, in einen kleinen Gefrierbeutel füllen und eine kleine Ecke abschneiden. Die Hälfte der Biskuit-Rum-Taler auf der Unterseite mit der Nougatmasse bespritzen. Die restlichen Biskuit-Rum-Taler mit der Unterseite darauf legen und leicht andrücken, Nougat fest werden lassen.

Kekse mit Nüssen und Mandeln

Mit Alkohol

Omas Kokosbusserl
etwa 60 Stück

Für den Teig:
125 g Weizenmehl
1 gestr. TL Dr. Oetker Backin
125 g Zucker
1 Pck. Dr. Oetker Vanillin-Zucker
1 Ei (Größe M)
2–3 EL Rum
125 g weiche Butter
oder Margarine
125 g Kokosraspel
125 g blütenzarte Haferflocken

Zubereitungszeit: 40 Minuten
Backzeit: 15–20 Minuten
je Backblech

Insgesamt:
E: 46 g, F: 199 g, Kh: 304 g,
kJ: 13572, kcal: 3240

Haltbarkeit: *2–3 Wochen in gut schließenden Dosen*

1 Für den Teig Mehl mit Backpulver mischen und in eine Rührschüssel sieben. Zucker, Vanillin-Zucker, Ei, Rum und Butter oder Margarine hinzufügen. Die Zutaten mit Handrührgerät mit Rührbesen zunächst kurz auf niedrigster, dann auf höchster Stufe in etwa 3 Minuten zu einem glatten Teig verarbeiten. Kokosraspel und Haferflocken unterrühren.

2 Den Teig mit 2 Teelöffeln in Häufchen auf Backbleche (mit Backpapier belegt) setzen, dabei genügend Abstand zwischen den Teighäufchen lassen.

3 Die Backbleche nacheinander (bei Heißluft zusammen) in den Backofen schieben.

Ober-/Unterhitze: etwa 180 °C (vorgeheizt)
Heißluft: etwa 160 °C (vorgeheizt)
Backzeit: 15–20 Minuten je Backblech.

4 Die Kokosbusserl mit dem Backpapier von den Backblechen auf Kuchenroste ziehen, Kokosbusserl erkalten lassen.

Tipp: *Die Kokosbusserl nach Belieben mit aufgelöster Schokolade besprenkeln.*

Kekse mit Nüssen und Mandeln

Einfach

Zimt-Nuss-Makronen
etwa 60 Stück

Für die Eiweißmasse:
3 Eiweiß (Größe M)
250 g Zucker
150 g gehackte Haselnusskerne
100 g gemahlene Haselnusskerne
2 TL Kakaopulver
1 Msp. gemahlener Zimt

Zubereitungszeit: 30 Minuten
Backzeit: 12–18 Minuten je Backblech

Insgesamt:
E: 42 g, F: 39 g, Kh: 404 g,
kJ: 9033, kcal: 2140

Haltbarkeit: 2–3 Wochen in gut schließenden Dosen

1 Für die Eiweißmasse Eiweiß mit Handrührgerät mit Rührbesen auf höchster Stufe steif schlagen. Der Schnee muss so fest sein, dass ein Messerschnitt sichtbar bleibt. Nach und nach Zucker kurz unterschlagen. Gehackte und gemahlene Nusskerne, Kakao und Zimt unterrühren.

2 Den Teig mit 2 Teelöffeln in haselnussgroßen Häufchen auf Backbleche (mit Backpapier belegt) setzen. Die Backbleche nacheinander (bei Heißluft zusammen) in den Backofen schieben.

Ober-/Unterhitze: 180–200 °C (vorgeheizt)
Heißluft: 160–180 °C (vorgeheizt)
Backzeit: 12–18 Minuten je Backblech.

3 Die Makronen mit dem Backpapier von den Backblechen auf Kuchenroste ziehen, Makronen erkalten lassen.

Tipp: *Die erkalteten Makronen mit einem Puderzuckerguss überziehen. Dafür 150 g gesiebten Puderzucker mit 1–2 Esslöffeln Wasser zu einem dickflüssigen Guss verrühren. Die Makronen damit bestreichen und zusätzlich mit klein geschnittenen Belegkirschen garnieren. Guss trocknen lassen. Die Hälfte der Makronen mit je 1 Haselnuss garnieren und mit aufgelöster Schokolade besprenkeln.*

Kekse mit Nüssen und Mandeln

Raffiniert

Datteltaler
etwa 35 Stück

Für die Eiweißmasse:
2 Eiweiß (Größe M)
125 g feinkörniger Zucker
1 Pck. Dr. Oetker Vanillin-Zucker
½ Fläschchen Rum-Aroma
1 Msp. gemahlener Zimt
20 g gesiebte Speisestärke
50 g abgezogene, gemahlene Mandeln
50 g abgezogene, gehackte Mandeln
100 g Datteln

Außerdem:
etwa 50 Oblaten (Ø 4 cm)

Für den Guss:
100 g Halbbitter-Kuvertüre oder Zartbitterschokolade
1 TL Speiseöl

Zum Bestreuen:
40 g entsteinte, in Würfel geschnittene Datteln

Zubereitungszeit: 45 Minuten, ohne Abkühlzeit
Backzeit: etwa 20 Minuten

Insgesamt:
E: 36 g, F: 93 g, Kh: 314 g,
kJ: 9388, kcal: 2245

1 Für die Eiweißmasse Eiweiß mit Handrührgerät mit Rührbesen auf höchster Stufe steif schlagen. Der Schnee muss so fest sein, dass ein Messerschnitt sichtbar bleibt. Zucker, Vanillin-Zucker, Aroma und Zimt unterrühren. Speisestärke mit Mandeln und Dattelwürfeln mischen, auf die Eischneemasse geben, vorsichtig unterheben.

2 Die Masse mit 2 Teelöffeln in Häufchen auf etwa 15 Oblaten setzen, mit je einer zweiten Oblate belegen und auf ein Backblech legen. Restliche Eiweißmasse auf etwa 20 Oblaten verteilen, mit Dattelwürfeln bestreuen und ebenfalls auf das Backblech legen. Das Backblech in den Backofen schieben.

Ober-/Unterhitze: 140–160 °C (vorgeheizt)
Heißluft: 120–140 °C (vorgeheizt)
Backzeit: etwa 20 Minuten.

3 Die Datteltaler vom Backblech nehmen und auf einem Kuchenrost erkalten lassen.

4 Für den Guss Kuvertüre in kleine Stücke hacken oder Schokolade in Stücke brechen, mit Speiseöl in einem kleinen Topf im Wasserbad bei schwacher Hitze schmelzen. Die Datteltaler von beiden Seiten oder zur Hälfte in die Kuvertüre oder Schokolade tauchen und auf Backpapier legen. Den Guss fest werden lassen.

Tipp: Statt die Taler in den Guss zu tauchen, können Sie die Oberseite der Taler auch mit dem Guss besprenkeln, dann jedoch nur 50 g Kuvertüre oder Schokolade ohne Speiseöl schmelzen.

Einfach

Kokos-Busserl
etwa 70 Stück

Zum Vorbereiten:
150 g Kokosraspel

Für die Eiweißmasse:
3 Eiweiß (Größe M)
150 g gesiebter Puderzucker
1 Pck. Dr. Oetker Vanillin-Zucker

*Zubereitungszeit: 25 Minuten,
ohne Abkühlzeit
Backzeit: 12–15 Minuten
je Backblech*

*Insgesamt:
E: 21 g, F: 95 g, Kh: 168 g,
kJ: 6699, kcal: 1599*

1 Zum Vorbereiten Kokosraspel in einer Pfanne ohne Fett unter mehrmaligem Wenden hellbraun rösten, herausnehmen und auf einem Teller erkalten lassen.

2 Für die Eiweißmasse Eiweiß mit Handrührgerät mit Rührbesen auf höchster Stufe steif schlagen, der Schnee muss so fest sein, dass ein Messerschnitt sichtbar bleibt. Nach und nach Puderzucker und Vanillin-Zucker unterschlagen. Kokosraspel unterheben.

3 Die Masse mit 2 Teelöffeln in Häufchen auf Backbleche (gefettet, mit Backpapier belegt) setzen, dabei genügend Abstand zwischen den Häufchen lassen.

4 Die Backbleche nacheinander (bei Heißluft zusammen) in den Backofen schieben.

Ober-/Unterhitze: etwa 180 °C (vorgeheizt)
Heißluft: etwa 160 °C (vorgeheizt)
Backzeit: 12–15 Minuten je Backblech.

5 Die Busserl mit dem Backpapier von den Backblechen auf Kuchenroste ziehen. Busserl erkalten lassen.

Kekse mit Nüssen und Mandeln

Kekse mit Kakao und Schokolade

Für Kinder

Schoko-Ländler
etwa 65 Stück

Zum Vorbereiten:
150 g Blockschokolade
(40 % Kakaoanteil)

Für den All-in-Teig:
150 g Weizenmehl
½ gestr. TL Dr. Oetker Backin
100 g kernige Haferflocken
100 g Zucker
1 Pck. Dr. Oetker Vanillin-Zucker
1 Ei (Größe M)
1 Eigelb (Größe M)
120 g zerlassenes abgekühltes Butterschmalz
50 g Birnen- oder Apfelkraut

Zubereitungszeit: 35 Minuten
Backzeit: 20–25 Minuten je Backblech

Insgesamt:
E: 55 g, F: 188 g, Kh: 381 g,
kJ: 14302, kcal: 3411

Haltbarkeit: *2–3 Wochen in gut schließenden Dosen*

1 Zum Vorbereiten Schokolade mit einem scharfen Messer oder im Blitzhacker fein hacken.

2 Für den Teig Mehl mit Backpulver mischen und in eine Rührschüssel sieben. Haferflocken, Zucker, Vanillin-Zucker, Ei, Eigelb, Butterschmalz und Apfel- oder Birnenkraut hinzufügen. Die Zutaten mit Handrührgerät mit Rührbesen zunächst kurz auf niedrigster, dann auf höchster Stufe in etwa 2 Minuten zu einem Teig verarbeiten.

3 Den Teig mit zwei Teelöffeln in Häufchen auf Backbleche (mit Backpapier belegt) setzen. Die Backbleche nacheinander (bei Heißluft zusammen) in den Backofen schieben.

Ober-/Unterhitze: etwa 200 °C (vorgeheizt)
Heißluft: 180 °C (vorgeheizt)
Backzeit: 20–25 Minuten je Backblech.

4 Das Gebäck mit dem Backpapier von den Backblechen auf Kuchenroste ziehen, Gebäck erkalten lassen.

Hinweis: *Apfel- oder Birnenkraut ist ein Brotaufstrich. Sie finden ihn im Supermarkt bei den Konfitüren oder Marmeladen.*

Für Kinder

Igel-Kekse
etwa 45 Stück

Für den Rührteig:
150 g Edelbitterschokolade (60 % Kakaoanteil)
70 g Butter oder Margarine
100 g Zucker
1 Pck. Dr. Oetker Vanillin-Zucker
1 Ei (Größe M)
50 g Weizenmehl
30 g Speisestärke
½ gestr. TL Dr. Oetker Backin
100 g abgezogene, gemahlene Mandeln

50 g abgezogene, gestiftelte Mandeln

Zum Verzieren:
70 g Edelbitterschokolade (60 % Kakaoanteil)
120 g Vollmilchschokolade
2 TL Speiseöl

Zubereitungszeit: 80 Minuten, ohne Abkühlzeit
Backzeit: etwa 15 Minuten je Backblech

Insgesamt:
E: 70 g, F: 271 g, Kh: 333 g, kJ: 16869, kcal: 4032

Haltbarkeit: *2–3 Wochen in gut schließenden Dosen*

1 Für den Teig Schokolade in Stücke brechen, in einem kleinen Topf im Wasserbad bei schwacher Hitze schmelzen.

2 Butter oder Margarine mit Handrührgerät mit Rührbesen auf höchster Stufe geschmeidig rühren. Nach und nach Zucker und Vanillin-Zucker unterrühren. So lange rühren, bis eine gebundene Masse entstanden ist. Ei in etwa ½ Minute unterrühren. Schokolade hinzufügen.

3 Mehl mit Speisestärke und Backpulver mischen, sieben, mit den gemahlenen Mandeln in 2 Portionen kurz auf mittlerer Stufe unterrühren.

4 Aus dem Teig mit zwei Teelöffeln längliche Klöße (Igel-förmig) formen und auf Backbleche (mit Backpapier belegt) setzen. Jeweils einige gestiftelte Mandeln in die Teigigel stecken. Die Backbleche nacheinander (bei Heißluft zusammen) in den Backofen schieben.

Ober-/Unterhitze: etwa 180 °C (vorgeheizt)
Heißluft: etwa 160 °C (vorgeheizt)
Backzeit: etwa 15 Minuten je Backblech.

5 Die Igel-Kekse mit dem Backpapier von den Backblechen auf Kuchenroste ziehen. Igel-Kekse erkalten lassen.

6 Zum Verzieren beide Sorten Schokolade mit Speiseöl wie unter Punkt 1 beschrieben schmelzen, gut verrühren. Schokolade in einen Gefrierbeutel geben, eine kleine Ecke abschneiden. Igel-Kekse mit der Schokolade besprenkeln. Schokolade fest werden lassen.

Kekse mit Kakao und Schokolade

Für Kinder

Nougatsand
etwa 60 Stück

Für den All-in-Teig:
100 g Weizenmehl
170 g Speisestärke
½ gestr. TL Dr. Oetker Backin
100 g Zucker
1 Pck. Dr. Oetker Vanillin-Zucker
1 Prise Salz
1 Ei (Größe M)
1 Eigelb (Größe M)
150 g Nuss-Nougat-Creme
150 g zerlassene abgekühlte Butter

Zum Garnieren:
75 g gekühlter Schichtnougat

Zubereitungszeit: 45 Minuten
Backzeit: 15–20 Minuten
je Backblech

Insgesamt:
E: 37 g, F: 199 g, Kh: 456 g,
kJ: 15746, kcal: 3762

Haltbarkeit: *etwa 3 Wochen in gut schließenden Dosen*

1 Für den Teig Mehl mit Speisestärke und Backpulver mischen, in eine Rührschüssel sieben. Zucker, Vanillin-Zucker, Salz, Ei, Eigelb, Nussnougatcreme und Butter hinzufügen. Die Zutaten mit Handrührgerät mit Rührbesen zunächst kurz auf niedrigster, dann auf höchster Stufe in etwa 2 Minuten zu einem glatten Teig verarbeiten.

2 Den Teig mit zwei Teelöffeln in Häufchen auf Backbleche (mit Backpapier belegt) setzen. Die Backbleche nacheinander (bei Heißluft zusammen) in den Backofen schieben.

Ober-/Unterhitze: etwa 180 °C (vorgeheizt)
Heißluft: etwa 160 °C (vorgeheizt)
Backzeit: 15–20 Minuten je Backblech.

3 Das Gebäck mit dem Backpapier von den Backblechen auf Kuchenroste ziehen.

4 Zum Garnieren Schichtnougat in 60 dünne schmale Streifen schneiden und auf das warme Gebäck legen. Gebäck erkalten lassen.

Kekse mit Kakao und Schokolade

Für Gäste

Gebrochene Herzen
etwa 40 Stück

Für den Biskuitteig:
2 Eier (Größe M)
100 g Zucker
1 Prise Salz
70 g Weizenmehl
1 Pck. Dr. Oetker Pudding-Pulver Vanille-Geschmack
½ gestr. TL Dr. Oetker Backin
30 g zerlassene abgekühlte Butter

Zum Garnieren:
etwa 40 dünne Schokoladenherzen, Vollmilch oder Zartbitter

Zubereitungszeit: 40 Minuten
Backzeit: 15–20 Minuten je Backblech

Insgesamt:
E: 38 g, F: 104 g, Kh: 266 g,
kJ: 8992, kcal: 2148

Haltbarkeit: *etwa 3 Wochen in gut schließenden Dosen*

1 Für den Teig Eier in einer Rührschüssel mit Handrührgerät mit Rührbesen auf höchster Stufe in 1 Minute schaumig schlagen. Zucker und Salz mischen, in 1 Minute einstreuen, dann noch etwa 2 Minuten schlagen.

2 Mehl mit Pudding-Pulver und Backpulver mischen, auf die Eiercreme sieben und kurz auf niedrigster Stufe unterrühren. Butter unterheben.

3 Den Teig mit zwei Teelöffeln in Häufchen auf Backbleche (mit Backpapier belegt) setzen, dabei genügend Abstand zwischen den Teighäufchen lassen (Teig läuft etwas auseinander). Die Backbleche nacheinander (bei Heißluft zusammen) in den Backofen schieben.

Ober-/Unterhitze: etwa 180 °C (vorgeheizt)
Heißluft: etwa 160 °C (vorgeheizt)
Backzeit: 15–20 Minuten je Backblech.

4 Das Gebäck mit dem Backpapier von den Backblechen auf Kuchenroste ziehen.

5 Zum Garnieren die Schokoladenherzen der Länge nach vorsichtig durchbrechen. Auf jedes heiße Gebäckstück ein zerbrochenes Herz legen und etwas andrücken. Gebäck erkalten lassen.

Tipp: *Falls die Gebäckstücke bereits abgekühlt sind, etwas Schokolade oder dunkle Kuchenglasur im heißen Wasserbad schmelzen, auf die Gebäckstücke klecksen und die Herzen damit aufkleben.*

Für Kinder

Pünktchenkekse
etwa 40 Stück

Für den Biskuitteig:
2 Eier (Größe M)
1 EL heißes Wasser
100 g Zucker
1 Pck. Dr. Oetker Vanillin-Zucker
50 g Weizenmehl
½ gestr. TL Dr. Oetker Backin
1 gestr. EL Kakaopulver
40 g Speisestärke

Zum Verzieren:
120 g weiße Schokolade
1 TL Speiseöl
rote Speisefarbe

Zubereitungszeit: 40 Minuten, ohne Abkühlzeit
Backzeit: 15–20 Minuten je Backblech

Insgesamt:
E: 27 g, F: 54 g, Kh: 255 g,
kJ: 6742, kcal: 1610

Haltbarkeit: *etwa 2 Wochen in gut schließenden Dosen*

1 Für den Teig Eier und Wasser mit Handrührgerät mit Rührbesen auf höchster Stufe in 1 Minute schaumig schlagen. Zucker und Vanillin-Zucker mischen, in 1 Minute einstreuen, dann noch etwa 2 Minuten schlagen.

2 Mehl mit Backpulver, Kakao und Speisestärke mischen, auf die Eiercreme sieben und kurz auf niedrigster Stufe unterrühren.

3 Den Teig mit zwei Teelöffeln in Häufchen auf Backbleche (mit Backpapier belegt) setzen, dabei genügend Abstand zwischen den Teighäufchen lassen. Die Backbleche nacheinander (bei Heißluft zusammen) in den Backofen schieben.

Ober-/Unterhitze: etwa 180 °C (vorgeheizt)
Heißluft: etwa 160 °C (vorgeheizt)
Backzeit: 15–20 Minuten je Backblech.

4 Das Gebäck mit dem Backpapier von den Backblechen auf Kuchenroste ziehen. Gebäck erkalten lassen.

5 Zum Verzieren Schokolade in Stücke brechen, mit Speiseöl in einem kleinen Topf im Wasserbad bei schwacher Hitze schmelzen. Schokoladenmasse halbieren, eine Hälfte in einen kleinen Gefrierbeutel geben und eine kleine Ecke abschneiden. Restliche Schokoladenmasse mit Speisefarbe rot einfärben, ebenfalls in einen kleinen Gefrierbeutel geben und eine kleine Ecke abschneiden.

6 Rote und weiße Tupfen auf das Gebäck spritzen. Schokolade fest werden lassen.

Kekse mit Kakao und Schokolade

Für Kinder

Chocolate-Chip-Cookies
etwa 50 Stück

Für den Rührteig:
150 g Butter oder Margarine
150 g brauner Zucker (Kandisfarin)
1 Pck. Dr. Oetker Bourbon-Vanille-Zucker
2 Eier (Größe M)
200 g Weizenmehl
1 gestr. TL Dr. Oetker Backin
100 g gehackte Haselnusskerne
100 g Schokoladentropfen oder grob gehackte dunkle Schokolade

Zubereitungszeit: 25 Minuten
Backzeit: 10–12 Minuten je Backblech

Insgesamt:
E: 53 g, F: 219 g, Kh: 371 g,
kJ: 15284, kcal: 3650

Haltbarkeit: *etwa 4 Wochen in gut schließenden Dosen*

1 Für den Teig Butter oder Margarine mit Handrührgerät mit Rührbesen auf höchster Stufe geschmeidig rühren. Nach und nach Zucker und Vanille-Zucker unterrühren. So lange rühren, bis eine gebundene Masse entstanden ist. Eier nach und nach unterrühren (jedes Ei etwa ½ Minute).

2 Mehl mit Backpulver mischen, sieben und in 2 Portionen auf mittlerer Stufe unterrühren. Zuletzt Haselnusskerne und Schokolade unterrühren.

3 Von dem Teig mit 2 Teelöffeln walnussgroße Häufchen auf Backbleche (gefettet, mit Backpapier belegt) setzen, dabei genügend Abstand zwischen den Teighäufchen lassen (Teig läuft etwas auseinander). Das Backblech in den Backofen schieben.

Ober-/Unterhitze: etwa 180 °C (vorgeheizt)
Heißluft: etwa 160 °C (vorgeheizt)
Backzeit: 10–12 Minuten je Backblech.

4 Die Cookies mit dem Backpapier von den Backblechen auf Kuchenroste ziehen, Cookies erkalten lassen.

Abwandlung: *Für* **White-Chocolate-Cookies** *den Teig, wie unter Punkt 1 beschrieben, zubereiten. Mehl und Backpulver ebenso unterarbeiten. Teig halbieren. Unter eine Hälfte 1 Esslöffel Mehl und 100 g grob gehackte weiße Schokolade rühren, unter die andere Hälfte 30 g Kakaopulver, 1 Esslöffel Milch und ebenfalls 100 g grob gehackte weiße Schokolade rühren. Wie unter Punkt 3 beschrieben, Teighäufchen auf Backbleche setzen und backen. Die erkalteten Cookies nach Belieben mit je 50 g weißer und dunkler Schokolade besprenkeln.*

Mit Alkohol

Kernige Schoko-Plätzchen
etwa 60 Stück

Für den Rührteig:
200 g Butter oder Margarine
200 g Zucker
2 Pck. Dr. Oetker Vanillin-Zucker
1 EL Wasser
2 Eier (Größe M)
125 g Weizenmehl
½ gestr. TL Dr. Oetker Backin
2 EL Kakaopulver
250 g kernige Haferflocken
50 g abgezogene, gehackte Mandeln
2 EL Rum

Zubereitungszeit: 45 Minuten
Backzeit: etwa 15 Minuten je Backblech

Insgesamt:
E: 77 g, F: 231 g, Kh: 455 g,
kJ: 17866, kcal: 4258

Haltbarkeit: 3–4 Wochen in gut schließenden Dosen

1 Für den Teig Butter oder Margarine mit Handrührgerät mit Rührbesen auf höchster Stufe geschmeidig rühren. Nach und nach Zucker, Vanillin-Zucker und Wasser unterrühren. So lange rühren, bis eine gebundene Masse entstanden ist.

2 Eier nach und nach unterrühren (jedes Ei etwa ½ Minute). Mehl mit Backpulver und Kakao mischen, sieben, in 2 Portionen auf mittlerer Stufe unterrühren. Haferflocken und Mandeln esslöffelweise auf mittlerer Stufe unterrühren. Zuletzt Rum hinzufügen.

3 Den Teig mit 2 Teelöffeln in Häufchen auf Backbleche (mit Backpapier belegt) setzen, dabei genügend Abstand zwischen den Teighäufchen lassen. Teighäufchen mit dem Löffel flach drücken. Die Backbleche nacheinander (bei Heißluft zusammen) in den Backofen schieben.

Ober-/Unterhitze: etwa 180 °C (vorgeheizt)
Heißluft: etwa 160 °C (vorgeheizt)
Backzeit: etwa 15 Minuten je Backblech.

4 Die Plätzchen mit dem Backpapier von den Backblechen auf Kuchenroste ziehen, Plätzchen erkalten lassen.

Tipp: *Für Kinder den Rum durch Apfelsaft ersetzen.*

Klassisch

Schwarz-Weiß-Brocken
etwa 50 Stück

Für den Rührteig:
150 g Butter oder Margarine
120 g Zucker
1 Pck. Dr. Oetker Vanillin-Zucker
1 Ei (Größe M)
150 g Weizenmehl
50 g Speisestärke
1 gestr. TL Dr. Oetker Backin
1 EL Kakaopulver (schwach entölt)
1 EL Milch

Zubereitungszeit: 40 Minuten
Backzeit: 10–15 Minuten je Backblech

Insgesamt:
E: 24 g, F: 136 g, Kh: 279 g,
kJ: 10236, kcal: 2446

1 Für den Teig Butter oder Margarine mit Handrührgerät mit Rührbesen auf höchster Stufe geschmeidig rühren. Nach und nach Zucker und Vanillin-Zucker unterrühren. So lange rühren, bis eine gebundene Masse entstanden ist. Ei in etwa ½ Minute unterrühren.

2 Mehl mit Speisestärke und Backpulver mischen, sieben und in 2 Portionen kurz auf mittlerer Stufe unterrühren. Den Teig halbieren. Eine Teighälfte in einen tiefen Teller geben und glatt streichen.

3 Restlichen Teig mit Kakao und Milch verrühren, auf die Teighälfte in den Teller geben und glatt streichen.

4 Von dem geschichteten Teig mit zwei Teelöffeln Häufchen abstechen und auf Backbleche (mit Backpapier belegt) setzen, dabei genügend Abstand zwischen den Teighäufchen lassen. Die Backbleche nacheinander (bei Heißluft zusammen) in den Backofen schieben.

Ober-/Unterhitze: etwa 200 °C (vorgeheizt)
Heißluft: etwa 180 °C (vorgeheizt)
Backzeit: 10–15 Minuten je Backblech.

5 Das Gebäck mit dem Backpapier von den Backblechen auf Kuchenroste ziehen und erkalten lassen.

Mit Alkohol – Etwas teurer

Rotweinboller
etwa 50 Stück

Zum Vorbereiten:
50 g Pinienkerne
½ Tafel (50 g) Edelbitterschokolade (60 % Kakaoanteil)

Für den Rührteig:
120 g Butter oder Margarine
120 g Kandisfarin (brauner Zucker)
1 Ei (Größe M)
120 g Weizenmehl
30 g Speisestärke
1 gestr. TL Dr. Oetker Backin
3 EL Rotwein
40 g gehackte Pistazienkerne

Für den Guss:
1 EL Rotwein
70 g gesiebter Puderzucker

Zubereitungszeit: 40 Minuten, ohne Abkühlzeit
Backzeit: 10–15 Minuten je Backblech

Insgesamt:
E: 43 g, F: 170 g, Kh: 329 g, kJ: 12690, kcal: 3030

1 Zum Vorbereiten Pinienkerne in einer Pfanne ohne Fett goldbraun rösten, auf einem Teller erkalten lassen. Schokolade in kleine Stücke hacken.

2 Für den Teig Butter oder Margarine mit Handrührgerät mit Rührbesen auf höchster Stufe geschmeidig rühren. Nach und nach Zucker unterrühren. So lange rühren, bis eine gebundene Masse entstanden ist. Ei in etwa ½ Minute unterrühren.

3 Mehl mit Speisestärke und Backpulver mischen, sieben, abwechselnd mit dem Rotwein in 2 Portionen kurz auf niedrigster Stufe unterrühren. Pinien-, Pistazienkerne und Schokoladenstückchen unterrühren.

4 Den Teig mit zwei Teelöffeln in Häufchen auf Backbleche (mit Backpapier belegt) setzen, dabei genügend Abstand zwischen den Teighäufchen lassen. Die Backbleche nacheinander (bei Heißluft zusammen) in den Backofen schieben.

Ober-/Unterhitze: etwa 200 °C (vorgeheizt)
Heißluft: etwa 180 °C (vorgeheizt)
Backzeit: 10–15 Minuten je Backblech.

5 Das Gebäck mit dem Backpapier von den Backblechen auf Kuchenroste ziehen und erkalten lassen.

6 Für den Guss Rotwein mit Puderzucker zu einer dickflüssigen Masse verrühren. Die Mitte der Rotweinboller mit dem Guss bestreichen. Guss trocknen lassen.

Tipp: *Pinienkerne können auch durch abgezogene, gehackte Mandeln oder Haselnusskerne ersetzt werden.*

Titelrezept – Raffiniert

Schokostäubchen
etwa 45 Stück

Für den Rührteig:
150 g Butter
120 g gesiebter Puderzucker
2 Pck. Dr. Oetker Vanillin-Zucker
1 Ei (Größe M), 70 g Weizenmehl
2 Pck. Dr. Oetker Gala Pudding-Pulver Schokoladen-Geschmack
1 Msp. Dr. Oetker Backin
2 Pck. (je 75 g) Schokotröpfchen

Zubereitungszeit: 40 Minuten
Backzeit: 10–15 Minuten
je Backblech

Insgesamt:
E: 27 g, F: 161 g, Kh: 352 g,
kJ: 12442, kcal: 2966

1 Für den Teig aus den angegebenen Zutaten wie auf Seite 94 beschrieben einen Rührteig zubereiten. Zuletzt die Hälfte der Schokotröpfchen unterheben.

2 Den Teig mit zwei Teelöffeln in Häufchen auf Backbleche (mit Backpapier belegt) setzen, dabei genügend Abstand zwischen den Teighäufchen lassen. Teighäufchen mit den restlichen Schokotröpfchen belegen. Die Backbleche nacheinander (bei Heißluft zusammen) in den Backofen schieben.

Ober-/Unterhitze: etwa 200 °C (vorgeheizt)
Heißluft: etwa 180 °C (vorgeheizt)
Backzeit: 10–15 Minuten je Backblech.

3 Das Gebäck mit dem Backpapier von den Backblechen auf Kuchenroste ziehen und erkalten lassen.

Titelrezept – Für Kinder

Marmorkekse
etwa 45 Stück

Für den Rührteig:
150 g Butter oder Margarine
120 g Zucker
1 Pck. Dr. Oetker Vanillin-Zucker
1 Ei (Größe M), 120 g Weizenmehl
50 g Speisestärke
1 gestr. EL gesiebtes Kakaopulver

1 Für den Teig Butter oder Margarine mit Handrührgerät mit Rührbesen auf höchster Stufe geschmeidig rühren. Nach und nach Zucker und Vanillin-Zucker unterrühren. So lange rühren, bis eine gebundene Masse entstanden ist. Ei in etwa ½ Minute unterrühren. Mehl mit Speisestärke mischen, sieben und in 2 Portionen kurz auf mittlerer Stufe unterrühren. Ein Drittel des Teiges mit Kakao, Milch und Zucker verrühren.

(Fortsetzung Seite 100)

Kekse mit Kakao und Schokolade

1 EL Milch, 1 TL Zucker
3 EL Johannisbeergelee
100 g abgezogene,
gehobelte Mandeln

Zubereitungszeit: 50 Minuten
Backzeit: etwa 12 Minuten
je Backblech

Insgesamt:
E: 41 g, F: 188 g, Kh: 327 g,
kJ: 13218, kcal: 3156

2 Den dunklen Teig auf dem hellen Teig verteilen und eine Gabel spiralförmig leicht durch die Teigschichten ziehen, so dass ein Marmormuster entsteht.

3 Den Teig mit 2 Teelöffeln in Häufchen auf Backbleche (mit Backpapier belegt) setzen, dabei genügend Abstand zwischen den Teighäufchen lassen. In die Mitte jedes Teighäufchens einen Klecks Gelee geben. Mandeln darum streuen. Die Backbleche nacheinander (bei Heißluft zusammen) in den Backofen schieben.

Ober-/Unterhitze: etwa 200 °C (vorgeheizt)
Heißluft: etwa 180 °C (vorgeheizt)
Backzeit: etwa 12 Minuten je Backblech.

4 Die Kekse mit dem Backpapier von den Backblechen auf Kuchenroste ziehen. Kekse erkalten lassen.

Für Kinder
Knusperplatten
etwa 40 Stück

Zum Vorbereiten:
7 EL Milch
70 g Vollkorn-Dinkelflocken
30 g Butter, 100 g Zucker
100 g Sauerkirschkonfitüre

20 g Zucker, 50 g Kürbiskerne
3 EL (30 g) gesiebtes Weizenmehl

Zubereitungszeit: 40 Minuten,
ohne Abkühlzeit
Backzeit: 10–15 Minuten
je Backblech

Insgesamt:
E: 27 g, F: 53 g, Kh: 263 g,
kJ: 6897, kcal: 1644

1 Zum Vorbereiten Milch, Dinkelflocken, Butter, Zucker und Konfitüre unter Rühren zum Kochen bringen. Zugedeckt bei mittlerer Hitze etwa 10 Minuten kochen, dabei gelegentlich umrühren. Masse erkalten lassen.

2 Zucker mit Kürbiskernen und Mehl mischen, zur Konfitürenmasse geben und unterheben. Den Teig mit zwei Teelöffeln in Häufchen auf Backbleche (mit Backpapier belegt) setzen, dabei genügend Abstand zwischen den Häufchen lassen. Die Backbleche nacheinander (bei Heißluft zusammen) in den Backofen schieben.

Ober-/Unterhitze: etwa 180 °C (vorgeheizt)
Heißluft: etwa 160 °C (vorgeheizt)
Backzeit: 10–15 Minuten je Backblech.

3 Das Gebäck mit dem Backpapier von den Backblechen auf Kuchenroste ziehen und erkalten lassen.

Kekse mit Kakao und Schokolade

Für Kinder

Braune Sirup-Biskuits
etwa 40 Stück

Für den Teig:
2 Eiweiß (Größe M)
1 TL Zitronensaft
50 g Zucker
1 Pck. Dr. Oetker Vanillin-Zucker
1 Eigelb (Größe M)
30 g brauner Zuckerrübensirup
70 g Vollkorn-Dinkelmehl
1 Msp. Dr. Oetker Backin
20 g gesiebter Puderzucker

Zum Verzieren:
etwa 20 g dunkle Kuchenglasur

Zubereitungszeit: 40 Minuten, ohne Abkühlzeit
Backzeit: 10–15 Minuten je Backblech

Insgesamt:
E: 22 g, F: 17 g, Kh: 153 g,
kJ: 3593, kcal: 855

1 Für den Teig Eiweiß und Zitronensaft mit Handrührgerät mit Rührbesen auf höchster Stufe steif schlagen, der Schnee muss so fest sein, dass ein Messerschnitt sichtbar bleibt, nach und nach Zucker und Vanillin-Zucker unterschlagen.

2 Eigelb und Sirup mit Handrührgerät mit Rührbesen auf höchster Stufe zu einer schaumigen Masse aufschlagen. Sirupschaum auf den Eischnee geben und kurz auf niedrigster Stufe unterrühren. Dinkelmehl mit Backpulver und Puderzucker mischen, auf die Eier-Sirup-Masse geben und ebenfalls kurz auf niedrigster Stufe unterrühren.

3 Den Teig mit zwei Teelöffeln in Häufchen auf Backbleche (mit Backpapier belegt) setzen, dabei genügend Abstand zwischen den Teighäufchen lassen.

4 Die Backbleche nacheinander (bei Heißluft zusammen) in den Backofen schieben.

Ober-/Unterhitze: etwa 180 °C (vorgeheizt)
Heißluft: etwa 160 °C (vorgeheizt)
Backzeit: 10–15 Minuten je Backblech.

5 Biskuits mit dem Backpapier von den Backblechen auf Kuchenroste ziehen und erkalten lassen.

6 Zum Verzieren Kuchenglasur nach Packungsanweisung schmelzen, in einen kleinen Gefrierbeutel geben und eine kleine Ecke abschneiden. Die Glasur im Karomuster auf die Biskuits spritzen. Trocknen lassen.

Tipp: *Die Biskuits schmecken am besten, wenn sie mindestens 12 Minuten gebacken werden, so dass sie knusprig sind.*

Kekse mit Kakao und Schokolade

Für Gäste

Weiche Schokotaler
etwa 60 Stück

Zum Vorbereiten:
150 g Edelbitterschokolade
(60 % Kakaoanteil)
40 g Kokosfett

Für den Teig:
3 Eiweiß (Größe M)
80 g Zucker
1 Pck. Dr. Oetker Vanillin-Zucker
1 Eigelb (Größe M)
50 g Weizenmehl
1 gestr. TL Dr. Oetker Backin

Zum Besprenkeln:
etwa 50 g weiße Kuvertüre

*Zubereitungszeit: 50 Minuten,
ohne Abkühlzeit
Backzeit: 10–15 Minuten
je Backblech*

*Insgesamt:
E: 34 g, F: 114 g, Kh: 218 g,
kJ: 8480, kcal: 2024*

1. Zum Vorbereiten Schokolade in kleine Stück hacken. 100 g der Schokoladenstückchen mit Kokosfett in einem kleinen Topf im Wasserbad bei mittlerer Hitze schmelzen, etwas abkühlen lassen.

2. Für den Teig Eiweiß mit Handrührgerät mit Rührbesen auf höchster Stufe steif schlagen, der Schnee muss so fest sein, dass ein Messerschnitt sichtbar bleibt. Nach und nach Zucker und Vanillin-Zucker unterschlagen.

3. Eigelb und abgekühlte Schokoladenmasse unterrühren. Mehl und Backpulver mischen, auf die Eischnee-Schokoladen-Masse sieben und auf niedrigster Stufe unterrühren.

4. Den Teig mit zwei Teelöffeln in Häufchen auf Backbleche (mit Backpapier belegt) setzen. Teighäufchen mit den restlichen Schokoladenstückchen bestreuen.

5. Die Backbleche nacheinander (bei Heißluft zusammen) in den Backofen schieben.

Ober-/Unterhitze: etwa 200 °C (vorgeheizt)
Heißluft: 180 °C (vorgeheizt)
Backzeit: 10–15 Minuten je Backblech.

6. Das Gebäck mit dem Backpapier von den Backblechen auf Kuchenroste ziehen und erkalten lassen.

7. Zum Besprenkeln Kuvertüre hacken, in einen kleinen Gefrierbeutel geben, Beutel verschließen. Kuvertüre im Wasserbad bei schwacher Hitze schmelzen. Von dem Gefrierbeutel eine kleine Ecke abschneiden. Die Schokotaler mit der Kuvertüre besprenkeln, fest werden lassen.

Kekse mit Kakao und Schokolade

Einfach

Gewürzbiskuits
etwa 55 Stück

Für den Biskuitteig:
2 Eier (Größe M)
1 Eigelb (Größe M)
80 g Zucker
1 Pck. Dr. Oetker Vanillin-Zucker
50 g Weizenmehl
50 g Speisestärke
je 1 Msp. gemahlener Ingwer, Zimt, Anis

Zum Verzieren:
etwa 50 g dunkle Kuchenglasur

Zum Bestäuben:
gemahlener Zimt

Zubereitungszeit: 40 Minuten, ohne Abkühlzeit
Backzeit: 10–15 Minuten je Backblech

Insgesamt:
E: 24 g, F: 42 g, Kh: 194 g,
kJ: 5221, kcal: 1243

1 Für den Teig Eier und Eigelb mit Handrührgerät mit Rührbesen auf höchster Stufe in 1 Minute schaumig schlagen. Zucker und Vanillin-Zucker mischen, in 1 Minute einstreuen, dann noch etwa 2 Minuten schlagen.

2 Mehl mit Speisestärke, Ingwer, Zimt und Anis mischen, auf die Eiercreme sieben und kurz auf niedrigster Stufe unterrühren.

3 Den Teig mit zwei Teelöffeln in Häufchen auf 3 Backbleche (mit Backpapier belegt) setzen, dabei genügend Abstand zwischen den Teighäufchen lassen. Die Backbleche nacheinander (bei Heißluft zusammen) in den Backofen schieben.

Ober-/Unterhitze: etwa 180 °C (vorgeheizt)
Heißluft: etwa 160 °C (vorgeheizt)
Backzeit: 10–15 Minuten je Backblech.

4 Das Gebäck mit dem Backpapier von den Backblechen auf Kuchenroste ziehen und erkalten lassen.

5 Zum Verzieren Kuchenglasur nach Packungsanweisung auflösen, in einen kleinen Gefrierbeutel geben und eine kleine Ecke abschneiden. Die Glasur spiralförmig auf das Gebäck spritzen. Zimt in ein Haarsieb geben, das Gebäck damit bestäuben. Glasur fest werden lassen.

Tipp: *Der Teig läuft nach dem Auftragen etwas auseinander, deshalb nur kleine Häufchen mit genügend Abstand auf die Backbleche geben.*

Spezialitäten

Für Gäste

Likörhäppchen
etwa 35 Stück

Für den All-in-Teig:
170 g Weizenmehl
50 g Speisestärke
½ gestr. TL Dr. Oetker Backin
120 g Zucker
1 Pck. Dr. Oetker Vanillin-Zucker
1 Ei (Größe M)
5 EL Speiseöl
5 EL Eierlikör

Für den Guss:
2–3 EL Eierlikör
100 g gesiebter Puderzucker

Zubereitungszeit: 40 Minuten, ohne Abkühlzeit
Backzeit: etwa 20 Minuten je Backblech

Insgesamt:
E: 29 g, F: 64 g, Kh: 417 g,
kJ: 10170, kcal: 2429

Haltbarkeit: *etwa 2 Wochen in gut schließenden Dosen*

1 Für den Teig Mehl mit Speisestärke und Backpulver mischen, in eine Rührschüssel sieben. Zucker, Vanillin-Zucker, Ei, Speiseöl und Likör hinzufügen. Die Zutaten mit Handrührgerät mit Rührbesen zunächst kurz auf niedrigster, dann auf höchster Stufe in etwa 2 Minuten zu einem glatten Teig verarbeiten.

2 Den Teig mit zwei Teelöffeln in Häufchen auf Backbleche (mit Backpapier belegt) setzen. Die Backbleche nacheinander (bei Heißluft zusammen) in den Backofen schieben.

Ober-/Unterhitze: etwa 180 °C (vorgeheizt)
Heißluft: etwa 160 °C (vorgeheizt)
Backzeit: etwa 20 Minuten je Backblech.

3 Die Likörhäppchen mit dem Backpapier von den Backblechen auf Kuchenroste ziehen, Likörhäppchen erkalten lassen.

4 Für den Guss Eierlikör und Puderzucker zu einer dickflüssigen Masse verrühren. Die Likörhäppchen mit dem Guss bestreichen, Guss trocknen lassen.

Tipp: *Zusätzlich Schokoladenblättchen auf den noch feuchten Guss streuen und trocknen lassen.*

Für Gäste

Tee-Plätzchen
etwa 50 Stück

Zum Vorbereiten:
200 g Butter
4 Beutel grüner Tee (je 1,75 g)
3 EL Wasser

Für den All-in-Teig:
170 g Weizenmehl
100 g Speisestärke
½ gestr. TL Dr. Oetker Backin
100 g gesiebter Puderzucker
1 Ei (Größe M)

Für den Guss:
1 Beutel grüner Tee (1,75 g)
3 EL gekochtes, etwas abgekühltes Wasser
100 g Puderzucker

Zubereitungszeit: 45 Minuten, ohne Abkühlzeit
Backzeit: 20–25 Minuten je Backblech

Insgesamt:
E: 27 g, F: 174 g, Kh: 407 g,
kJ: 13808, kcal: 3298

Haltbarkeit: *etwa 3 Wochen in gut schließenden Dosen*

1 Zum Vorbereiten Butter in einem kleinen Topf zerlassen. Die Teebeutel aufschneiden. Den Teeinhalt mit dem Wasser zur Butter geben und im geschlossenen Topf bei schwacher Hitze 10 Minuten ziehen lassen. Teebutter durch ein Sieb geben, ausdrücken und etwas abkühlen lassen.

2 Für den Teig Mehl mit Speisestärke und Backpulver mischen, in eine Rührschüssel sieben. Puderzucker, Ei und die Teebutter hinzufügen. Die Zutaten mit Handrührgerät mit Rührbesen zunächst kurz auf niedrigster, dann auf höchster Stufe in etwa 2 Minuten zu einem glatten Teig verarbeiten.

3 Den Teig mit zwei Teelöffeln in Häufchen auf Backbleche (mit Backpapier belegt) setzen. Die Backbleche nacheinander (bei Heißluft zusammen) in den Backofen schieben.

Ober-/Unterhitze: etwa 180 °C (vorgeheizt)
Heißluft: etwa 160 °C (vorgeheizt)
Backzeit: 20–25 Minuten je Backblech.

4 Die Plätzchen mit dem Backpapier von den Backblechen auf Kuchenroste ziehen, Plätzchen erkalten lassen.

5 Für den Guss den Teebeutel in einen Becher geben, mit heißem Wasser überbrühen und 3 Minuten ziehen lassen. Teebeutel ausdrücken. Puderzucker mit 1–2 Esslöffeln grünen Tee zu einer dickflüssigen Masse verrühren.

6 Den Guss in einen kleinen Gefrierbeutel geben und eine kleine Ecke abschneiden. Den Guss gitterartig auf die Plätzchen spritzen. Guss trocknen lassen.

Spezialitäten

Raffiniert

Kaffeemakronen
etwa 25 Stück

Zum Vorbereiten:
2 EL (15 g) geröstete Kaffeebohnen
1 Pck. Azora-Kekse
(zartes Orangengebäck
von Bahlsen, 125 g)

Für die Eiweißmasse:
2 Eiweiß (Größe M)
1 TL Zitronensaft
80 g Zucker
1 gestr. EL Speisestärke
20 g gesiebter Puderzucker

Zum Garnieren:
etwa 25 Schokoladen-Mokkabohnen

Zubereitungszeit: 40 Minuten
Backzeit: etwa 20 Minuten
je Backblech

Insgesamt:
E: 18 g, F: 36 g, Kh: 209 g,
kJ: 5181, kcal: 1238

Haltbarkeit: *2–3 Wochen in gut schließenden Dosen*

1 Zum Vorbereiten Kaffeebohnen im Mörser grob zerstoßen oder im Blitzhacker zerkleinern. Kekse in einen Gefrierbeutel geben, Beutel verschließen. Kekse mit einer Teigrolle fein zerbröseln.

2 Für die Eiweißmasse Eiweiß und Zitronensaft mit Handrührgerät mit Rührbesen auf höchster Stufe steif schlagen. Der Schnee muss so fest sein, dass ein Messerschnitt sichtbar bleibt. Nach und nach Zucker kurz unterschlagen.

3 Keksbrösel mit Speisestärke, Puderzucker und den zerstoßenen Kaffeebohnen in einer Schüssel mischen und in 2 Portionen kurz auf mittlerer Stufe unter die Eiweißmasse rühren. Den Teig mit zwei Teelöffeln in Häufchen auf Backbleche (mit Backpapier belegt) setzen, dabei genügend Abstand zwischen den Teighäufchen lassen.

4 Die Backbleche nacheinander (bei Heißluft zusammen) in den Backofen schieben.

Ober-/Unterhitze: etwa 180 °C (vorgeheizt)
Heißluft: etwa 160 °C (vorgeheizt)
Backzeit: etwa 20 Minuten je Backblech.

5 Die Makronen mit dem Backpapier von den Backblechen auf Kuchenroste ziehen. Jeweils eine Mokkabohne auf die heißen Makronen legen. Makronen erkalten lassen.

Spezialitäten

Raffiniert

Kleine Bütterken
etwa 40 Stück

Für den Hefeteig:
220 g Weizenmehl (Type 550)
½ Pck. (21 g) frische Hefe
1 gestr. EL Zucker
70 ml lauwarme Milch
150 g zerlassene abgekühlte Butter
50 g Zucker
1 Pck. Dr. Oetker Vanillin-Zucker
1 Prise Salz
1 Pck. Dr. Oetker Finesse Geriebene Zitronenschale

2 EL Wasser zum Bestreichen

Zum Bestreuen:
etwa 50 g abgezogene, gestiftelte Mandeln
30 g Hagelzucker

Zubereitungszeit: 1 Stunde, ohne Teiggehzeit
Backzeit: 15–20 Minuten je Backblech

Insgesamt:
E: 40 g, F: 157 g, Kh: 261 g, kJ: 10913, kcal: 2606

Haltbarkeit: *3–4 Tage in gut schließenden Dosen*

1 Für den Teig Mehl in eine Rührschüssel sieben. In die Mitte eine Vertiefung drücken. Hefe hineinbröckeln, Zucker und etwas Milch hinzufügen. Mit einer Gabel vorsichtig verrühren und etwa 10 Minuten gehen lassen.

2 Butter, Zucker, Vanillin-Zucker, Salz, Zitronenschale und restliche Milch hinzufügen. Die Zutaten mit Handrührgerät mit Knethaken zunächst kurz auf niedrigster, dann auf höchster Stufe in etwa 5 Minuten zu einem Teig verarbeiten. Den Teig zugedeckt so lange an einem warmen Ort gehen lassen, bis er sich sichtbar vergrößert hat.

3 Den Teig mit zwei Teelöffeln in Häufchen auf Backbleche (mit Backpapier belegt) setzen, dabei genügend Abstand zwischen den Teighäufchen lassen. Die Teighäufchen mit einem Teelöffel etwas flach drücken und mit Wasser bestreichen. Zuerst Mandeln, dann Hagelzucker auf die Teighäufchen streuen und etwas andrücken.

4 Die Backbleche nacheinander (bei Heißluft zusammen) in den Backofen schieben.

Ober-/Unterhitze: etwa 180 °C (vorgeheizt)
Heißluft: etwa 160 °C (vorgeheizt)
Backzeit: 15–20 Minuten je Backblech.

5 Das Gebäck mit dem Backpapier von den Backblechen auf Kuchenroste ziehen, Gebäck erkalten lassen.

Tipp: *Als Alternative können Sie auch einfach in jedes Teighäufchen ein Stück Würfelzucker drücken (statt Mandeln und Hagelzucker). Anschließend die Teighäufchen wie beschrieben backen.*

Spezialitäten

Mit Alkohol

Sandtropfen
etwa 120 Stück

Für den Rührteig:
400 g Butter
150 g gesiebter Puderzucker
1 Pck. Dr. Oetker Vanillin-Zucker
1 Prise Salz
1 Ei (Größe M)
1 Eiweiß (Größe M)
abgeriebene Schale von ½ Bio-Zitrone (unbehandelt, ungewachst)
2 Tropfen Bittermandel-Aroma
500 g Weizenmehl

Nach Belieben für die Füllung:
etwa 150 g Marzipan-Rohmasse
4 EL Orangenlikör

Für den Guss:
50 g Halbbitter-Kuvertüre
50 g dunkle Kuchenglasur

Zubereitungszeit: 50 Minuten, ohne Abkühlzeit
Backzeit: 12–15 Minuten je Backblech

Insgesamt:
E: 71 g, F: 384 g, Kh: 566 g,
kJ: 25073, kcal: 5987

Haltbarkeit: etwa 2 Wochen in gut schließenden Dosen

1 Für den Teig Butter zerlassen und wieder etwas fest werden lassen. Die etwas fest gewordene Butter in eine Rührschüssel geben. Puderzucker, Vanillin-Zucker und Salz hinzufügen. Die Zutaten mit Handrührgerät mit Rührbesen auf höchster Stufe schaumig schlagen.

2 Ei, Eiweiß, Zitronenschale und Aroma unterrühren. Mehl sieben, in 2–3 Portionen auf mittlerer Stufe unterrühren.

3 Den Teig mit 2 Teelöffeln in Häufchen auf Backbleche (mit Backpapier belegt) setzen, dabei genügend Abstand zwischen den Teighäufchen lassen. Die Backbleche nacheinander (bei Heißluft zusammen) in den Backofen schieben.

Ober-/Unterhitze: 180–200 °C (vorgeheizt)
Heißluft: 160–180 °C (vorgeheizt)
Backzeit: 12–15 Minuten je Backblech.

4 Die Sandtropfen mit dem Backpapier von den Backblechen auf Kuchenroste ziehen, Sandtropfen erkalten lassen.

5 Nach Belieben für die Füllung Marzipan-Rohmasse in Stücke schneiden, in eine Rührschüssel geben und mit dem Likör geschmeidig rühren. Die Hälfte der Plätzchen auf der Unterseite damit bestreichen und mit je einem Plätzchen belegen, leicht andrücken.

6 Für den Guss Kuvertüre in Stücke hacken, mit der Kuchenglasur in einem kleinen Topf im Wasserbad bei schwacher Hitze unter Rühren schmelzen. Die Sandtropfen jeweils mit einem Ende hineintauchen, auf Backpapier legen und den Guss fest werden lassen.

Spezialitäten

Mit Alkohol – für Gäste

Eierlikörtaler
etwa 40 Stück

Für den Biskuitteig:
2 Eier (Größe M)
1 Eiweiß (Größe M)
1 Prise Salz
50 g Zucker
1 EL Eierlikör
60 g Weizenmehl
30 g Speisestärke
1 gestr. TL Dr. Oetker Backin

Nach Belieben für Eierlikörtaler mit Füllung

Zum Bestreichen:
150 g Halbbitter-Kuvertüre

Für die Füllung:
80 g weiße Schokolade
20 g Butter
40 ml Eierlikör

Zubereitungszeit: 45 Minuten, ohne Kühlzeit
Backzeit: 8–10 Minuten je Backblech

Insgesamt: (ohne Füllung)
E: 25 g, F: 14 g, Kh: 123 g,
kJ: 3042, kcal: 726

1. Für den Teig Eier, Eiweiß und Salz mit Handrührgerät mit Rührbesen auf höchster Stufe in 1 Minute schaumig schlagen. Zucker in 1 Minute einstreuen, dann noch etwa 2 Minuten schlagen. Eierlikör unterrühren.

2. Mehl mit Speisestärke und Backpulver mischen, auf die Eiercreme sieben und kurz auf niedrigster Stufe unterrühren.

3. Den Teig mit 2 Teelöffeln in Häufchen auf Backbleche (mit Backpapier belegt) setzen, dabei genügend Abstand zwischen den Teighäufchen lassen (Teig läuft auseinander).

4. Die Backbleche nacheinander (bei Heißluft zusammen) in den Backofen schieben.

Ober-/Unterhitze: etwa 180 °C (vorgeheizt)
Heißluft: etwa 160 °C (vorgeheizt)
Backzeit: 8–10 Minuten je Backblech.

5. Das Gebäck mit dem Backpapier von den Backblechen auf Kuchenroste ziehen, Eierlikörtaler erkalten lassen.

6. **Für die Eierlikörtaler mit Füllung** zum Bestreichen Kuvertüre in kleine Stücke hacken, in einem kleinen Topf im Wasserbad bei schwacher Hitze unter Rühren schmelzen. Die Gebäcktaler auf der Unterseite damit bestreichen.

7. Für die Füllung Schokolade in kleine Stücke brechen, mit Butter und Eierlikör in einem kleinen Topf im Wasserbad bei schwacher Hitze unter Rühren schmelzen. Die Schokoladenmasse in einen Rührbecher geben und etwa 1 Stunde kalt stellen.

(Fortsetzung Seite 120)

Spezialitäten

Haltbarkeit: *Eierlikörtaler 2–3 Wochen in einer gut schließenden Dose oder Eierlikörtaler mit Füllung, kalt gestellt, etwa 6 Tage in einer gut schließenden Dose.*

8 Die Schokoladenmasse mit Handrührgerät mit Rührbesen auf höchster Stufe gut cremig schlagen. Jeweils einen Teelöffel der Schokoladencreme auf die Hälfte der Taler (Schokoladenseite) geben, einen zweiten Taler mit der Schokoladenseite darauf setzen und leicht andrücken. Creme fest werden lassen. Die Eierlikörtaler in einer gut schließenden Dose im Kühlschrank aufbewahren.

Tipp: *Nach Belieben die Eierlikörtaler mit fertig gekauften Schokoladenblättern garnieren. Dazu jeweils einen Tupfen aufgelöste Kuvertüre auf die nicht bestrichenen Seiten der Taler geben, ein Schokoladenblättchen darauf legen und andrücken.*

Für Gäste

Haferflocken-Plätzchen
etwa 50 Stück

Für den Teig:
75 g Butter oder Margarine
125 g grobe Haferflocken
75 g Zucker
1 Ei (Größe M)
3–5 Tropfen Bittermandel-Aroma
50 g Weizenmehl
1 gestr. TL Dr. Oetker Backin

*Zubereitungszeit: 20 Minuten
Backzeit: 12–15 Minuten*

*Insgesamt:
E: 185 g, F: 78 g, Kh: 185 g,
kJ: 6504, kcal: 1553*

Haltbarkeit: *etwa 2 Wochen in gut schließenden Dosen*

1 Für den Teig Butter oder Margarine in einer Pfanne zerlassen, Haferflocken unter Rühren bei schwacher Hitze darin bräunen. 1 Esslöffel von dem Zucker mitbräunen (karamellisieren) lassen.

2 Ei mit Handrührgerät mit Rührbesen in 1 Minute schaumig schlagen. Nach und nach restlichen Zucker und Aroma hinzufügen, dann noch etwa 2 Minuten schlagen. Mehl mit Backpulver mischen, auf den Teig sieben, mit den Haferflocken kurz auf niedrigster Stufe unterrühren.

3 Den Teig mit 2 Teelöffeln in walnussgroßen Häufchen auf ein Backblech (mit Backpapier belegt) setzen, dabei genügend Abstand zwischen den Teighäufchen lassen. Das Backblech in den Backofen schieben.

Ober-/Unterhitze: etwa 180 °C (vorgeheizt)
Heißluft: etwa 160 °C (vorgeheizt)
Backzeit: 12–15 Minuten.

4 Die Plätzchen mit dem Backpapier vom Backblech auf einen Kuchenrost ziehen. Plätzchen erkalten lassen.

Spezialitäten

Einfach

Saftige Honigkrater
etwa 45 Stück

Für den Rührteig:
120 g weiches Butterschmalz
50 g Zucker
1 Pck. Dr. Oetker Bourbon-Vanille-Zucker
1 Prise Salz
50 g flüssiger Honig
1 Eigelb (Größe M)
200 g Weizenmehl
½ gestr. TL Dr. Oetker Backin

Für die Füllung:
100 g Schmand (24 % Fett)
10 g flüssiger Honig

Zubereitungszeit: 50 Minuten
Backzeit: 12–15 Minuten
je Backblech

Insgesamt:
E: 25 g, F: 152 g, Kh: 252 g,
kJ: 10277, kcal: 2440

1 Für den Teig Butterschmalz mit Handrührgerät mit Rührbesen auf höchster Stufe geschmeidig rühren. Zucker, Vanille-Zucker, Salz und Honig unterrühren. So lange rühren, bis eine gebundene Masse entstanden ist. Eigelb in etwa ½ Minute unterrühren.

2 Mehl mit Backpulver mischen, sieben und in 2 Portionen auf mittlerer Stufe unter die Butterschmalz-Eigelb-Masse rühren.

3 Den Teig mit zwei Teelöffeln in Häufchen auf Backbleche (mit Backpapier belegt) setzen. In die Mitte jedes Teighäufchens mit einem Kochlöffelstiel eine etwa 1 cm breite Vertiefung drücken, dabei den Stiel immer wieder in Mehl tauchen.

4 Für die Füllung Schmand und Honig in einer Schüssel glatt rühren, in einen kleinen Gefrierbeutel füllen und eine kleine Ecke abschneiden. Die Schmandmasse in die Vertiefungen spritzen.

5 Die Backbleche nacheinander (bei Heißluft zusammen) in den Backofen schieben.

Ober-/Unterhitze: etwa 180 °C (vorgeheizt)
Heißluft: 160 °C (vorgeheizt)
Backzeit: 12–15 Minuten je Backblech.

6 Die Backbleche auf Kuchenroste setzen, das Gebäck darauf erkalten lassen.

Tipp: *Die Honigkrater schmecken frisch am besten. Statt Butterschmalz die gleiche Menge Butter verwenden, dann jedoch statt 1 Eigelb 1 ganzes Ei unter den Teig rühren.*

Spezialitäten

Raffiniert

Mascarpone-Zimt-Häufchen
etwa 50 Stück

Zum Vorbereiten:
150 g getrocknete Aprikosen

Für den Rührteig:
250 g Mascarpone
(italienischer Frischkäse)
80 g weiches Butterschmalz
100 g Zucker, 1 Prise Salz
½ Pck. Dr. Oetker Finesse
Geriebene Zitronenschale
150 g Weizenmehl
100 g Speisestärke
½ gestr. TL Dr. Oetker Backin
1 gestr. TL gemahlener Zimt

Für den Guss:
100 g gesiebter Puderzucker
1 gestr. TL gemahlener Zimt
1–2 TL Zitronensaft

einige getrocknete Aprikosenstückchen nach Belieben

Zubereitungszeit: 45 Minuten, ohne Abkühlzeit
Backzeit: 15–20 Minuten je Backblech

Insgesamt:
E: 35 g, F: 187 g, Kh: 481 g,
kJ: 15868, kcal: 3788

Haltbarkeit: *2–3 Wochen in gut schließenden Dosen*

1 Zum Vorbereiten Aprikosen in sehr kleine Stücke schneiden oder mit einem Blitzhacker fein hacken.

2 Für den Teig Mascarpone, Butterschmalz, Zucker, Salz und Zitronenschale in eine Rührschüssel geben und mit Handrührgerät mit Rührbesen auf höchster Stufe etwa 1 Minute geschmeidig rühren. Aprikosenstückchen unterrühren.

3 Mehl mit Speisestärke, Backpulver und Zimt mischen, sieben und in 2 Portionen auf mittlerer Stufe unter die Mascarponecreme rühren.

4 Den Teig mit zwei Teelöffeln in Häufchen auf Backbleche (mit Backpapier belegt) setzen. Die Backbleche nacheinander (bei Heißluft zusammen) in den Backofen schieben.

Ober-/Unterhitze: etwa 180 °C (vorgeheizt)
Heißluft: etwa 160 °C (vorgeheizt)
Backzeit: 15–20 Minuten je Backblech.

5 Das Gebäck mit dem Backpapier von den Backblechen auf Kuchenroste ziehen. Gebäck erkalten lassen.

6 Für den Guss Puderzucker mit Zimt und Zitronensaft zu einer dickflüssigen Masse verrühren. Den Guss in einen kleinen Gefrierbeutel geben und eine kleine Ecke abschneiden. Das Gebäck mit dem Guss besprenkeln und nach Belieben mit Aprikosenstückchen garnieren. Guss trocknen lassen.

Spezialitäten

Raffiniert

Karamellos
etwa 45 Stück

Für den Teig:
1 Becher (200 g) Schlagsahne
150 g Zucker
100 g sehr fein gehacktes Orangeat
80 g blütenzarte Haferflocken
150 g abgezogene ganze Mandeln

Zubereitungszeit: 40 Minuten, ohne Abkühlzeit
Backzeit: etwa 12 Minuten je Backblech

Insgesamt:
E: 44 g, F: 151 g, Kh: 282 g,
kJ: 11146, kcal: 2659

1 Für den Teig Sahne mit Zucker in einem weiten hohen Topf unter gelegentlichem Rühren bei mittlerer Hitze zum Kochen bringen und etwa 3 Minuten unter gelegentlichem Rühren sprudelnd kochen lassen. Topf von der Kochstelle nehmen. Sahne abkühlen lassen.

2 Klein geschnittenes Orangeat, Haferflocken und Mandeln zur Sahnemasse geben und unterrühren.

3 Den Teig mit zwei Teelöffeln in Häufchen auf Backbleche (mit Backpapier belegt) geben, dabei genügend Abstand zwischen den Häufchen lassen. Die Backbleche nacheinander (bei Heißluft zusammen) in den Backofen schieben.

Ober-/Unterhitze: etwa 180 °C (vorgeheizt)
Heißluft: etwa 160 °C (vorgeheizt)
Backzeit: etwa 12 Minuten je Backblech.

4 Das Gebäck mit dem Backpapier von den Backblechen auf Kuchenroste ziehen und erkalten lassen. Gebäckränder evtl. etwas gerade schneiden.

Tipp: *Karamellos müssen kross sein.*

Raffiniert

Haferflockenküchlein
etwa 50 Stück

Für den Rührteig:
120 g Butter oder Margarine
120 g gesiebter Puderzucker
1 Pck. Dr. Oetker Vanillin-Zucker
2 Eier (Größe M)
etwas Salz
1 Pck. Dr. Oetker Finesse Geriebene Zitronenschale
100 g kernige Haferflocken
150 g Weizenmehl
1 gestr. TL Dr. Oetker Backin
70 g Rosinen

Zum Bestäuben:
Puderzucker

Zubereitungszeit: 25 Minuten, ohne Abkühlzeit
Backzeit: 12–15 Minuten je Backblech

Insgesamt:
E: 47 g, F: 121 g, Kh: 354 g,
kJ: 11323, kcal: 2700

1 Für den Teig Butter oder Margarine mit Handrührgerät mit Rührbesen auf höchster Stufe geschmeidig rühren. Puderzucker und Vanillin-Zucker unterrühren. So lange rühren, bis eine gebundene Masse entstanden ist. Eier nach und nach unterrühren (jedes Ei etwa ½ Minute). Salz, Zitronenschale und Haferflocken hinzufügen.

2 Mehl mit Backpulver mischen, sieben und in 2 Portionen kurz auf mittlerer Stufe unterrühren. Rosinen unterheben.

3 Den Teig mit 2 Teelöffeln in Häufchen auf Backbleche (gefettet, mit Backpapier belegt) setzen, dabei genügend Abstand zwischen den Teighäufchen lassen.

4 Die Backbleche nacheinander (bei Heißluft zusammen) in den Backofen schieben.

Ober-/Unterhitze: etwa 180 °C (vorgeheizt)
Heißluft: etwa 160 °C (vorgeheizt)
Backzeit: 12–15 Minuten je Backblech.

5 Die Haferflockenküchlein mit dem Backpapier von den Backblechen auf Kuchenroste ziehen. Haferflockenküchlein erkalten lassen und mit Puderzucker bestäuben.

Tipp: *Nach Belieben mit einem Zuckerguss Gesichter auf die Plätzchen spritzen und mit bunten Zuckerstreuseln bestreuen.*

Mit Alkohol

Espresso-Doppel
etwa 18 Stück

Für den Biskuitteig:
1 Ei (Größe M)
1 Eigelb (Größe M)
50 g Zucker
2 Pck. Dr. Oetker Vanillin-Zucker
2 gestr. TL Instant-Espressopulver
50 g Weizenmehl
20 g Speisestärke

Zum Bestäuben:
Instant-Espressopulver

Für die Füllung:
100 g weiße Schokolade
30 g Butter
2–3 TL Kirschwasser

Zubereitungszeit: 50 Minuten, ohne Abkühlzeit
Backzeit: etwa 12 Minuten je Backblech

Insgesamt:
E: 22 g, F: 68 g, Kh: 186 g,
kJ: 6161, kcal: 1470

1 Für den Teig Ei und Eigelb mit Handrührgerät mit Rührbesen auf höchster Stufe in 1 Minute schaumig schlagen. Zucker mit Vanillin-Zucker und Espressopulver mischen, in 1 Minute einstreuen, dann noch etwa 2 Minuten schlagen. Mehl mit Speisestärke mischen, auf die Eiercreme sieben und kurz auf niedrigster Stufe unterrühren.

2 Den Teig mit zwei Teelöffeln in Häufchen auf 2 Backbleche (mit Backpapier belegt) setzen, dabei genügend Abstand zwischen den Teighäufchen lassen. Etwas Espressopulver in ein feines Sieb geben. Die Teighäufchen damit bestäuben. Die Backbleche nacheinander (bei Heißluft zusammen) in den Backofen schieben.

Ober-/Unterhitze: etwa 180 °C (vorgeheizt)
Heißluft: etwa 160 °C (vorgeheizt)
Backzeit: etwa 12 Minuten je Backblech.

3 Das Gebäck mit dem Backpapier von den Backblechen auf Kuchenroste ziehen und erkalten lassen.

4 Für die Füllung Schokolade in Stücke brechen, mit Butter und Kirschwasser in einem kleinen Topf im Wasserbad bei schwacher Hitze unter Rühren schmelzen (Nicht zu heiß, Masse gerinnt sonst!), etwas abkühlen lassen.

5 Schokoladenmasse mit Handrührgerät mit Rührbesen kurz aufschlagen. Jeweils 2 Gebäckstücke mit etwas Schokoladencreme bestreichen und zusammensetzen.

Tipp: *Sollte die Creme gerinnen, diese nochmals kurz in einen Topf ins heiße Wasserbad geben und mit einem Kochlöffel so lange in eine Richtung rühren, bis eine gebundene Masse entstanden ist.*

Mit Alkohol

Rumbrötchen
etwa 40 Stück

Zum Vorbereiten:
100 g Rosinen
70 ml brauner Rum (40 Vol.-%)

Für den Hefeteig:
250 g Weizenmehl
1 Pck. Dr. Oetker Trockenhefe
2 EL flüssiger Honig (30 g)
40 g Zucker
1 TL Dr. Oetker Finesse Geriebene Zitronenschale
1 TL Dr. Oetker Finesse Orangenschalen-Aroma
170 g zerlassene abgekühlte Butter oder Margarine
100 ml lauwarme Milch

Für den Guss:
100 g gesiebter Puderzucker
2–3 EL brauner Rum (40 Vol.-%)

Zubereitungszeit: 50 Minuten, ohne Abkühl- und Teiggehzeit
Backzeit: 15–20 Minuten je Backblech

Insgesamt:
E: 38 g, F: 148 g, Kh: 424 g,
kJ: 14351, kcal: 3427

1 Zum Vorbereiten Rosinen mit Rum in einem Topf mischen und zugedeckt etwa 10 Minuten bei schwacher Hitze erwärmen. Rumrosinen erkalten lassen.

2 Für den Teig Mehl in eine Rührschüssel sieben, mit Trockenhefe sorgfältig vermischen. Honig, Zucker, Zitronenschale, Orangenschalen-Aroma, Butter oder Margarine und Milch hinzufügen.

3 Die Zutaten mit Handrührgerät mit Knethaken zunächst kurz auf niedrigster, dann auf höchster Stufe in etwa 5 Minuten zu einem Teig verarbeiten. Den Teig zugedeckt so lange an einem warmen Ort stehen lassen, bis er sich sichtbar vergrößert hat.

4 Den Teig leicht mit Mehl bestäuben, aus der Schüssel nehmen und auf einer bemehlten Arbeitsfläche nochmals kurz durchkneten. Rumrosinen unterarbeiten.

5 Den Teig mit zwei Teelöffeln in Häufchen auf Backbleche (mit Backpapier belegt) setzen, dabei genügend Abstand zwischen den Teighäufchen lassen. Teelöffel evtl. zwischendurch in Mehl wenden. Die Backbleche mit den Teighäufchen nochmals so lange an einem warmen Ort gehen lassen, bis sie sich sichtbar vergrößert haben. (Vorstehende Rosinen in den Teig drücken, damit sie beim Backen nicht zu dunkel werden!)

6 Die Backbleche nacheinander (bei Heißluft zusammen) in den Backofen schieben.

Ober-/Unterhitze: etwa 180 °C (vorgeheizt)
Heißluft: etwa 160 °C (vorgeheizt)
Backzeit: 15–20 Minuten je Backblech.

(Fortsetzung Seite 134)

Spezialitäten

7 Die Rumbrötchen mit dem Backpapier von den Backblechen auf Kuchenroste ziehen und erkalten lassen.

8 Für den Guss Puderzucker mit Rum zu einer dickflüssigen Masse verrühren. Den Guss mit einem Pinsel auf die Brötchen streichen. Guss trocknen lassen.

Für Kinder

Vanille-Quark-Nocken
etwa 50 Stück

Für den Rührteig:
120 g weiches Butterschmalz oder Margarine
70 g brauner Zucker (Kandisfarin)
100 g Speisequark (20 % Fett)
100 g Weizenmehl
1 Pck. Dr. Oetker Pudding-Pulver Vanille-Geschmack

Zum Bestreuen:
Hagelzucker

Zubereitungszeit: 40 Minuten
Backzeit: etwa 20 Minuten je Backblech

Insgesamt:
E: 23 g, F: 114 g, Kh: 193 g,
kJ: 7842, kcal: 1871

1 Für den Teig Butterschmalz mit Handrührgerät mit Rührbesen auf höchster Stufe geschmeidig rühren. Zucker unterrühren. So lange rühren, bis eine gebundene Masse entstanden ist. Quark unterrühren. Mehl mit Pudding-Pulver mischen, sieben, auf mittlerer Stufe unter die Quarkmasse rühren.

2 Den Teig mit zwei Teelöffeln in Häufchen auf Backbleche (mit Backpapier belegt) setzen, dabei genügend Abstand zwischen den Teighäufchen lassen. Die Teighäufchen mit einem feuchten Teelöffel etwas flach drücken (dafür den Löffel immer wieder in kaltes Wasser tauchen) und mit Hagelzucker bestreuen.

3 Die Backbleche nacheinander (bei Heißluft zusammen) in den Backofen schieben.

Ober-/Unterhitze: etwa 200 °C (vorgeheizt)
Heißluft: etwa 180 °C (vorgeheizt)
Backzeit: etwa 20 Minuten je Backblech.

4 Das Gebäck mit dem Backpapier von den Backblechen auf Kuchenroste ziehen und erkalten lassen.

Tipp: *Sie können den Teig auch mit zwei Teelöffeln zu kleinen Nocken formen, die Nocken in einen Teller mit Hagelzucker oder Kandisfarin (brauner Zucker) geben, darin wälzen und auf Backbleche setzen.*

Spezialitäten

Titelrezept – Einfach

Mohnbusserl
etwa 70 Stück

Für die Eiweißmasse:
3 Eiweiß (Größe M)
150 g gesiebter Puderzucker
1 Pck. Dr. Oetker Vanillin-Zucker
100 g Mohnsamen
1 TL Dr. Oetker Finesse Orangenschalen-Aroma

Zubereitungszeit: 25 Minuten
Backzeit: 12–15 Minuten
je Backblech

Insgesamt:
E: 32 g, F: 42 g, Kh: 168 g,
kJ: 4934, kcal: 1178

1 Für die Eiweißmasse Eiweiß mit Handrührgerät mit Rührbesen auf höchster Stufe steif schlagen, der Schnee muss so fest sein, dass ein Messerschnitt sichtbar bleibt. Puderzucker mit Vanillin-Zucker mischen und kurz unterrühren. Mohnsamen und Orangenschalen-Aroma kurz unterrühren.

2 Die Masse mit 2 Teelöffeln in Häufchen auf Backbleche (mit Backpapier belegt) setzen, dabei genügend Abstand zwischen den Häufchen lassen.

3 Die Backbleche nacheinander (bei Heißluft zusammen) in den Backofen schieben.

Ober-/Unterhitze: etwa 180 °C (vorgeheizt)
Heißluft: etwa 160 °C (vorgeheizt)
Backzeit: 12–15 Minuten je Backblech.

4 Die Busserl mit dem Backpapier von den Backblechen auf Kuchenroste ziehen, Busserl erkalten lassen.

Spezialitäten

Raffiniert – Dauert länger

Rotbusch-Baisers
etwa 55 Stück

Zum Vorbereiten:
2 gestr. EL (10 g) Rotbuschtee
50 ml kochendes Wasser

Für die Eiweißmasse:
2 Eiweiß (Größe M)
80 g feinkörniger Zucker
40 g gesiebter Puderzucker
2 gestr. TL gesiebte Speisestärke

Zubereitungszeit: 40 Minuten
Backzeit: etwa 1 Stunde
je Backblech

Insgesamt:
E: 8 g, F: 0 g, Kh: 125 g,
kJ: 2239, kcal: 535

1. Zum Vorbereiten Rotbuschtee mit Wasser übergießen und zugedeckt etwa 10 Minuten stehen lassen. Den Tee durch ein feines Sieb gießen (Teestückchen ausdrücken), die Flüssigkeit dabei auffangen und erkalten lassen.

2. Für die Eiweißmasse Eiweiß steif schlagen. Nach und nach Zucker unter Rühren einrieseln lassen. So lange weiterschlagen, bis ein glänzender fester Eischnee entstanden ist.

3. Puderzucker mit Speisestärke mischen, auf die Eischneemasse sieben und mit Handrührgerät mit Rührbesen auf niedrigster Stufe unterrühren. Aufgefangenen Tee kurz unterrhren.

4. Den Teig mit zwei Teelöffeln in Häufchen auf Backbleche (mit Backpapier belegt) setzen, dabei genügend Abstand zwischen den Teighäufchen lassen.

5. Die Backbleche zusammen in den Backofen schieben. (Bei Ober-/Unterhitze einen Kochlöffel zwischen Ofen und Ofentür klemmen, damit die Feuchtigkeit entweichen kann). Die Backbleche während des Backens 2–3-mal umsetzen.

Ober-/Unterhitze: etwa 140 °C (vorgeheizt)
Heißluft: etwa 120 °C (nicht vorgeheizt)
Backzeit: etwa 1 Stunde je Backblech.

6. Gebäck mit dem Backpapier von den Backblechen auf Kuchenroste ziehen und erkalten lassen.

Tipp: Sie können auch Rotbuschtee aus Teebeuteln verwenden, z. B. Tee mit Vanille-Geschmack. Dafür Teebeutel aufschneiden und Teestückchen ohne Beutel verwenden. Baisers nach Belieben teilweise mit dunkler Kuchenglasur überziehen (Foto).

Spezialitäten

Ratgeber

Hinweise zu den Rezepten

Lesen Sie bitte vor der Zubereitung – besser noch vor dem Einkaufen – das Rezept einmal vollständig durch. Oft werden Arbeitsabläufe oder -zusammenhänge dann klarer.
Die in den Rezepten angegebenen Backtemperaturen und -zeiten sind Richtwerte, die je nach individueller Hitzeleistung des Backofens über- oder unterschritten werden können. Bitte beachten Sie deshalb bei der Einstellung des Backofens die Gebrauchsanweisung des Herstellers und machen Sie gegen Ende der Backzeit eine Garprobe.

Zubereitungszeiten

Die Zubereitungszeit beinhaltet nur die Zeit für die eigentliche Zubereitung, Backzeiten sind gesondert ausgewiesen. Längere Wartezeiten, z. B. Kühl- und Auftauzeiten, sind nicht mit einbezogen.

Backbleche

Zur Grundausstattung des Backofens gehören auch 1 bis 2 Backbleche, sie werden bei der Anschaffung des Backofens mitgeliefert. Bei den Blechen handelt es sich um Emailleblech, Schwarzbleche oder Aluminiumbleche. Am besten sind Emaille- oder Schwarzbleche. Es lohnt sich, diese nachträglich anzuschaffen. Wenn es möglich ist, sollte man die Bleche direkt nach dem Backen, sozusagen noch warm abwaschen und dann im noch warmen Backofen nachtrocknen.

Einschubhöhe

Kekse werden im Allgemeinen (bei Ober- und Unterhitze) in die Mitte des Backofens geschoben (soweit im Rezept nicht anders angegeben). Maßgebend sind jedoch die Ausführungen und Anweisungen der Backofen-Hersteller.

Backtemperatur

Die richtig eingestellte Backtemperatur ist ebenso wichtig wie die Zubereitung der Löffelkekse. Die unter den Rezepten angegebenen Backzeiten können je nach Gerät länger oder kürzer sein. Es ist deshalb erforderlich, die Anleitungen der Hersteller, die den Backöfen beiliegen, genau zu beachten. Die Löffelkekse sollten besonders gegen Ende der Backzeit genau beobachtet werden. Mit einer Garprobe kann geprüft werden, ob das Gebäck durchgebacken ist.

Mehrere Partien Kekse backen

Ist nur ein Backblech vorhanden, soll aber eine größere Anzahl Plätzchen gebacken wer-

Ratgeber

den, kann man sich folgendermaßen behelfen: Mehrere Backpapierstücke in der Größe des Backblechs zuschneiden. Die Bögen mit den mit Löffeln geformten Plätzchen belegen. Die Papierbögen mit den Teighäufchen an der flachen Seite auf das Backblech ziehen. Die Teighäufchen können so vorbereitet werden, verrutschen nicht und können nacheinander gebacken werden.

Garprobe
Die Kekse sind gar, wenn die Oberfläche gelblich bis leicht braun ist.

Kekse aufbewahren
Alle vom Backblech genommenen Kekse müssen auf einem Kuchenrost zunächst gut auskühlen. Erst wenn sie völlig erkaltet sind, können sie zum Aufbewahren verpackt werden. Kekse müssen kühl und trocken aufbewahrt werden. Kekse, die knusprig bleiben sollen, werden in gut schließende Dosen gelegt. Kekse, die weich werden sollen, bleiben an der Luft stehen, bis sie die gewünschte Beschaffenheit erreicht haben. Erst dann werden sie in Dosen mit lose aufgelegtem Deckel gelegt.

Es können mehrere Sorten Gebäck gleicher Art in einer Dose aufbewahrt werden, zweckmäßigerweise jeweils durch eine Lage Pergament- oder Backpapier getrennt. Stark gewürzte Kekse sollten jedoch separat verpackt werden.

Alle Rezepte sind von Dr. Oetker wie immer nachgebacken und so beschrieben, dass sie Ihnen garantiert gelingen.

Abkürzungen

EL	=	Esslöffel
TL	=	Teelöffel
Msp.	=	Messerspitze
Pck.	=	Packung/Päckchen
g	=	Gramm
kg	=	Kilogramm
ml	=	Milliliter
l	=	Liter
Min.	=	Minuten
Std.	=	Stunden
evtl.	=	eventuell
geh.	=	gehäuft
gestr.	=	gestrichen
TK	=	Tiefkühlprodukt
°C	=	Grad Celsius
Ø	=	Durchmesser
E	=	Eiweiß
F	=	Fett
Kh	=	Kohlenhydrate
kJ	=	Kilojoule
kcal	=	Kilokalorien

Themenregister

Kekse mit Frucht

Ananas-Maracuja-Kekse	24
Apfel-Kokos-Makronen	36
Aprikosen-Mandel-Kekse	18
Aprikosen-Nuss-Krapfen	38
Aprikosenkekse *(Titelrezept)*	12
Dattelhäufchen	40
Früchteplätzchen	42
Haferflocken-Frucht-Makronen	44
Kirschkekse mit Rosenblütenwasser	26
Limetten-Doppeldecker	32
Limetten-Hafer-Wölkchen	14
Mandelmakronen mit Preiselbeeren	16
Mohnkekse	20
Orangenmakronen	34
Pflaumen-Ingwer-Stückchen	12
Pflaumenmakronen	30
Rote Bäckchen	8
Schoko-Mints	28
Stollenhäppchen	10
Stollenhäppchen	8
Weiße Bananenplätzchen	22

Kekse mit Nüssen und Mandeln

Amerikanische Walnusskekse	46
Biskuit-Rum-Taler	70
Datteltaler	76
Kokos-Busserl	78
Mandelbrocken	60
Nussberge	64
Omas Kokosbusserl	72
Piña-Colada-Makronen	52
Raspeli	68
Scharfe Cashewteilchen	56
Schokokräcker mit Nusskernen	62
Sirup-Nuss-Taler	54
Sonnenblumenspitzen	50
Süße Walnusshäufchen	58
Wundernüsschen	66

Zimt-Nuss-Makronen	74
Zimtberge	48

Kekse mit Kakao & Schokolade

Braune Sirup-Biskuits	102
Chocolate-Chip-Cookies	90
Gebrochene Herzen	86
Gewürzbiskuits	106
Igel-Kekse	82
Kernige Schoko-Plätzchen	92
Knusperplatten	100
Marmorkekse *(Titelrezept)*	98
Nougatsand	84
Pünktchenkekse	88
Rotweinboller	96
Schoko-Ländler	80
Schokostäubchen	98
Schwarz-Weiß-Brocken	94
Weiche Schokotaler	104

Spezialitäten

Eierlikörtaler	118
Espresso-Doppel	130
Haferflockenküchlein	128
Haferflocken-Plätzchen	120
Kaffeemakronen	112
Karamellos	126
Kleine Bütterken	114
Likörhäppchen	108
Mascarpone-Zimt-Häufchen	124
Mohnbusserl *(Titelrezept)*	136
Rotbusch-Baisers	138
Rumbrötchen	132
Saftige Honigkrater	122
Sandtropfen	116
Tee-Plätzchen	110
Vanille-Quark-Nocken	134

Alphabetisches Register

A
Amerikanische Walnusskekse............ 46
Ananas-Maracuja-Kekse 24
Apfel-Kokos-Makronen 36
Aprikosen-Mandel-Kekse 18
Aprikosen-Nuss-Krapfen 38
Aprikosenkekse *(Titelrezept)* 12

B/C
Biskuit-Rum-Taler 70
Braune Sirup-Biskuits 102
Chocolate-Chip-Cookies................ 90

D
Dattelhäufchen........................ 40
Datteltaler 76

E/F
Eierlikörtaler 118
Espresso-Doppel....................... 130
Früchteplätzchen 42

G
Gebrochene Herzen 86
Gewürzbiskuits........................ 106

H/I
Haferflocken-Frucht-Makronen 44
Haferflockenküchlein 128
Haferflocken-Plätzchen................ 120
Igel-Kekse............................ 82

K
Kaffeemakronen 112
Karamellos............................ 126
Kernige Schoko-Plätzchen 92
Kirschkekse mit Rosenblütenwasser..... 26
Kleine Bütterken...................... 114
Knusperplatten........................ 100
Kokos-Busserl 78

L
Likörhäppchen 108
Limetten-Doppeldecker 32
Limetten-Hafer-Wölkchen 14

M
Mandelbrocken......................... 60
Mandelmakronen mit Preiselbeeren 16
Marmorkekse *(Titelrezept)* 98
Mascarpone-Zimt-Häufchen 124

Mohnbusserl *(Titelrezept)*.............. 136
Mohnkekse............................. 20

N
Nougatsand 84
Nussberge 64

O
Omas Kokosbusserl 72
Orangenmakronen....................... 34

P
Pflaumen-Ingwer-Stückchen 12
Pflaumenmakronen...................... 30
Piña-Colada-Makronen.................. 52
Pünktchenkekse 88

R
Raspeli 68
Rotbusch-Baisers 138
Rote Bäckchen......................... 8
Rotweinboller 96
Rumbrötchen 132

S
Saftige Honigkrater................... 122
Sandtropfen........................... 116
Scharfe Cashewteilchen 56
Schoko-Ländler........................ 80
Schoko-Mints 28
Schokokräcker mit Nusskernen 62
Schokostäubchen....................... 98
Schwarz-Weiß-Brocken 94
Sirup-Nuss-Taler...................... 54
Sonnenblumenspitzen 50
Stollenhäppchen....................... 10
Süße Walnusshäufchen 58

T/V
Tee-Plätzchen 110
Vanille-Quark-Nocken.................. 134

W
Weiche Schokotaler 104
Weiße Bananenplätzchen 22
Wundernüsschen 66

Z
Zimt-Nuss-Makronen 74
Zimtberge............................. 48

Umwelthinweis	Für Fragen, Vorschläge oder Anregungen stehen Ihnen der Verbraucherservice der Dr. Oetker Versuchsküche Telefon: 00800 71 72 73 74 Mo.–Fr. 8:00–18:00 Uhr, Sa. 9:00–15:00 Uhr (gebührenfrei in Deutschland) oder die Mitarbeiter des Dr. Oetker Verlages Telefon: +49 (0) 521 52 06 58 Mo.–Fr. 9:00–15:00 Uhr zur Verfügung. Schreiben Sie uns an Dr. Oetker Verlag KG, Am Bach 11, 33602 Bielefeld oder besuchen Sie uns im Internet unter www.oetker-verlag.de, www.facebook.com/Dr.OetkerVerlag oder www.oetker.de.
Wir danken für die freundliche Unterstützung	Bahlsen, Hannover
Copyright	© 2013 by Dr. Oetker Verlag KG, Bielefeld
Redaktion	Jasmin Gromzik, Miriam Krampitz
Titelfoto	Thomas Diercks, Hamburg
Innenfotos	Fotostudio Diercks – Kai Boxhammer, Thomas Diercks, Christiane Krüger, Hamburg außer Bernd Lippert (S. 59, 91) Winkler Studios, Bremen (S. 27)
Rezeptentwicklung und -beratung	Anke Rabeler, Berlin Mechthild Plogmaker, Dr. Oetker Versuchsküche, Bielefeld Eike Upmeier-Lorenz, Hamburg
Nährwertberechnungen	Nutri Service, Hennef
Grafisches Konzept	kontur:design, Bielefeld
Gestaltung	MDH Haselhorst, Bielefeld
Titelgestaltung	kontur:design, Bielefeld
Druck und Bindung	Druckerei Stürtz, Würzburg

Die Autoren haben dieses Buch nach bestem Wissen und Gewissen erarbeitet. Alle Rezepte, Tipps und Ratschläge sind mit Sorgfalt ausgewählt und geprüft. Eine Haftung des Verlages und seiner Beauftragten für alle erdenklichen Schäden an Personen, Sach- und Vermögensgegenständen ist ausgeschlossen.

Nachdruck, auch auszugsweise, nur mit unserer ausdrücklichen Genehmigung und mit Quellenangabe gestattet.

ISBN 978-3-7670-1344-5